《百年巨匠》编委会

总 顾 问：蔡　武　胡振民　龚心瀚　王文章　胡占凡

顾　　问：靳尚谊　范迪安　王明明　吴为山　沈　鹏　苏士澍

　　　　　吕章申　尚长荣　蓝天野　濮存昕　傅庚辰　莫　言

　　　　　傅熹年　张锦秋　张保庆　顾明远　张伯礼　黄璐琦

　　　　　杜祥琬　齐　让　鲁　光

《百年巨匠·教育体育篇》编委会

学术指导：王学军　方惠坚　刘璐璐　李　祥　宋以庆

　　　　　张　健　陈洪捷　商金林　储朝晖（按姓氏笔画排序）

主　　任：袁小平　杨京岛

主　　编：陈　宏

编　　委：陈汝杰　李萍萍

统　　筹：裴永忠　梁　辉　董思远　杨　洋　王晓红　李逸辰

编辑组：蔡莉莉　曾　丹　金美辰　杨　珺　王慧雅　张栩彤

纪录片编导组：刘卫国　刘占国　刘立钢　孙秀峰　吴静姣　张建中

　　　　　　　贾　娟　高　天　郭　鹏　郭奎永（按姓氏笔画排序）

吴玉章

陈宏　曾丹　陈瀚 ◎ 编著

吴玉章／力争 作

南歌子·吴玉章

金玉文章幼,
延河五老松。
五车学问更笃诚,
革命跨通世纪,
箭镝鸣。

凝视中华字,
潜心言语通。
乐听学子朗朗声,
散叶开枝桃李,
满地红。

凯文 词

宣传巨匠推广大师 为时代树立标杆

蔡武

原文化部部长 《百年巨匠》总顾问

　　文化精品创作工程包括重大出版工程、影视精品工程。《百年巨匠》就是跨界融合的一个重大文化工程，它深具创意，立意高远，选题准确、全面，极富特色，内容精彩纷呈，内涵博大精深，基本涵盖了我国 20 世纪这一特定历史时期在文学艺术方面的成就及其代表人物。它讲述的不仅仅是各位巨匠的传奇人生，更是他们的文学艺术成就同民族、国家，同历史、文化，同当代世界，同 20 世纪风云激荡的年代，以及同人民的命运都是紧密相连的。他们的成就对整个社会产生了重要而深远的影响。因此，立足 21 世纪的当今，系统全面科学解读巨匠人生与大师艺术，有着特殊而积极的意义，是社会和时代的要求。

　　作为一个有影响力的文化品牌，《百年巨匠》的表现形式也是多样的。《百年巨匠》丛书和纪录片互动互补，是出版界与影视界的跨界合作与融合发展，形成了叠加影响和联动效应，进一步丰富和扩大了品牌的内涵和外延。在信息社会"四屏"时代，用这样的一种方式来表达重大深刻的主题，具有重大的创新意义，是对中华优秀文化传承发展进行创造性转化、创新性发展的成功探索。体现出强烈的历史感、时代性、民族性，具有鲜明的中国特色，必将产生深远的影响。

一个民族自立于世界民族之林，离不开民族的自信心与自尊心。而民族的自信心和自尊心有其思想基础和人文轨迹，即对民族文化的重要代表人物和优秀传统应当有比较全面的了解并进行广泛传播。一个国家的历史需要记录，文化艺术同样如此。《百年巨匠》丛书秉承文献性、真实性、生动性原则，客观还原大师原貌，以更为宏阔的历史维度对大师们所经历的时代给予不同视角的再现和解读，为读者开启一扇连接20世纪中国近现代文化艺术史的大门。

巨匠们的艺术成就、人生经历、精神高度，彰显了中华民族文化在这个时代所能达到的高度，不仅有文学艺术上和文化史上的价值，而且有人文思想美学上的划时代性贡献。《百年巨匠》可以增强我们的文化自信和实现中华民族伟大复兴的意志。

《百年巨匠》还有一个重要意义，它能够激励我们后来人砥砺奋进，勇攀高峰。这些文化艺术巨匠有着深厚的爱国情怀和强烈的民族责任感，他们将个人荣辱兴衰与国家、民族命运联系起来，用文化艺术去改变现实，实现理想。在新旧道德剧烈冲撞中，他们所表现出来的高风亮节是后来人的楷模。他们所传导出的强大正能量，会激励一代又一代广大读者，对促进我们整个民族新一代的教育与成长，有着非常重要的启迪意义。他们的精神是引领和鼓舞我们再出发的航标与风帆。

《百年巨匠》也给了我们很多的启示，可以帮助我们回答和破解"钱学森之问"。20世纪产生了那么多的大师，新世纪、新时期我们应该如何助推产生出新的大师？这些巨匠的成长轨迹给我们揭示了大师们成长的规律,如要深具家国情怀,要胸怀高远理想;要深深扎根于人民,与人民同呼吸共命运;既继承民族优秀传统文化,又要勇于创新;并以非常包容的心态去拥抱一切文明成果等。

《百年巨匠》仅反映了20世纪百年的文化形态和人文生态,我们应该把这个事业延续下去,面向21世纪。对艺术大师的发掘是通过他们的作品来体现的,而他们的作品既是中华文化的传承,又进一步丰富、创新了中华文化的构成。从这个意义上讲,宣传这些艺术巨匠就是弘扬中华文化。这些艺术巨匠作为中国名片,拥有较强的国际影响力,这一工程的推进,可以有效推动中华文化和中国出版走出去。不仅仅局限于艺术领域,还可以从广度上、外延上扩大至整个文化领域,甚至把科技、教育等领域的巨匠们也挖掘展示出来。

一个国家文化事业的繁荣与发展,既需要广大艺术家的努力,也需要大师巨匠的引领。宣传巨匠,推广大师,为时代树立标杆,无疑是我们责无旁贷的历史责任。巨匠之所以是巨匠,大师之所以能成为大师,是因为他们以具有强烈时代感和创新精神的作品站在了巅峰。而他们巨作的背后,是令人钦佩的工匠精神,这种工匠精神的发掘和弘扬在当下具有重要的现实意义。同时,这百年的文学艺术史已有的众多成果,从学术上也要系统总结。而长期以来一直困扰我们的一大难题,就是如何把这些重要的学术研究成果进行转化和再创造,使之成为可被大众接受、雅俗共赏的精品佳作。从这个意义上讲,《百年巨匠》丛书的出版也是非常值得赞许的。

当前,我们的文化艺术事业虽然取得了长足的进步,但是相对于时代的重任，人民的厚望，尚有作品趋势跟风、原创性匮乏、模仿严重等问题，希冀大家在《百年巨匠》作品中得到更多的启迪和感悟。

我们国家正处在重要的历史时期，为我们文艺创作提供了丰沃的土壤和广阔的空间。中华民族的伟大复兴，呼唤一切有为的文艺工作者，为繁荣中国特色社会主义文化、建设社会主义文化强国，奉献毕生的才华和创作热情，将高度的社会责任感和历史使命感化作文艺创作的巨大动力，创作出无愧于时代、无愧于祖国和人民的优秀文艺作品，让我们这个时代的文艺创作异彩纷呈，光耀世界。

弦歌不辍 薪火相传
——《百年巨匠·教育体育篇》丛书序

袁小平

中国教育电视台台长
中国广播电视社会组织联合会副会长

如果说文明是一条奔流不息的大河，那么教育就是文明的河床。国人对教育的重视与五千年文明史相伴始终，从春秋时期的诸子百家到顾炎武、王夫之等近代学者，教育先贤们构筑起中国古代独具特色的思想教育体系，在一次次选择和传承中，对社会和文化发展产生了深远影响。

教育不仅在选择和传递文化，同时也在创造和更新文化。近代以来，中国的教育家群体一直面临两个不容回避的问题：一是如何适应世界教育发展趋势，服务于"教育救国"需要，建立近代意义上的教育体系；二是如何保持教育的民族性，建立中国化的现代教育体系。

面对时代赋予的重任，蔡元培、张伯苓、陶行知、蒋南翔、吴玉章、马约翰、叶圣陶等教育大家各抒己见，创造出中国近现代教育一个百家争鸣的开端：蔡元培的"思想自由、兼容并包"、张伯苓的"允公允能，日新月异"、陶行知的"生活即教育，教育即生活"、黄炎培的"大职业教育主义"、蒋南翔的"为祖国健康工作五十年"……

这些主张有的直指"读书只为考取功名"的传统功利思想，有的努力破除知识只被少数人掌握的藩篱，有的激励救国热情，有的深刻影响着中国体育教育发展……他们在国家蒙辱、人民蒙难、文明蒙尘的至暗时刻，写下中国教育由传统向现代转型的开篇，照亮了中国教育的前行方向。时至今日，我们仍能看见这些教育思想流淌在小学、中学、大学的课堂内外，流淌在办学模式、管理体制、保障机制等方方面面，流淌在国人对教育的美好愿景中，为建设高质量教育体系、发展素质教育、促进教育公平输送着源源不断的灵感。

世界正面临百年未有之大变局。当我们又一次站在历史的十字路口，新时代新征程的使命任务促使我们去思考，培养什么人、怎样培养人、为谁培养人。而对于每一个关心教育领域、渴望获得教育亦或躬耕教育事业的人，教育先贤们简单的一句话，或是简短的一个故事，都可能成为我们与历史和时代共鸣的契机。

社会变迁、文明转型带来了日新月异的变化，也给教育带来了更大挑战。即使是在今天，中国已经建成了世界上规模最大的教育体系，也不得不承认仍有许多问题需要去回答、去实践。正因为如此，回望来路才显得格外富有意义。

诚然，世界上没有可以奉为圭臬的金科玉律，丰富的教育遗产也需要客观评估，取其精华，创造性地继承和使用。但可以肯定的是，蔡元培、张伯苓、蒋南翔、吴玉章、陶行知等教育先贤们的精神和他们把个人教育理想融入民族历史进程的实践，足以激励后来者不断向前，以无限智慧和勇气直面今天教育发展中的诸多问题。

投身教育事业的人众多,为何他们能称为巨匠?不仅在于他们在教育现代化转型中拓荒先行,也不仅在于他们的教育思想仍然熠熠生辉,还在于他们身上"心有家国情怀、肩挑国家责任"的教育风范仍然山高水长。

为深入贯彻落实习近平总书记关于教育家精神的重要讲话精神,中国教育电视台联合中国文学艺术界联合会、中国文学艺术基金会、百年巨匠(北京)文化传播有限公司,策划制作了弘扬教育家精神的大型人物传记纪录片《百年巨匠·教育体育篇》。该片于2024年全国两会期间,从3月4日起在中国教育电视台晚间黄金时段重点播出,其后陆续在学习强国、中央广播电视总台等主流媒体播出。

纪录片《百年巨匠·教育体育篇》,讲述蔡元培、陶行知、黄炎培、吴玉章、叶圣陶、马约翰、蒋南翔、董守义等著名教育家(含体育教育家)的生平事迹、教育活动、教育思想、教育贡献、历史影响,以及对今天的启示,展示他们"学为人师,行为世范"的教育情操和人格魅力,讴歌他们教育救国、教育强国的家国情怀和理想信念。

本着对先辈的敬重和对历史的尊重,摄制组在拍摄之初就提出了"见人、见事、见物"的创作理念。制作团队走访了世界各地与纪录片《百年巨匠·教育体育篇》中人物有关的众多红色遗址、旧址及纪念设施,深入拍摄名师巨匠的故居、纪念馆,还专程拜访了相关的历史专家、研究员、亲历者,以及大师们的亲属和后人,通过实地走访与口述历史等方式,挖掘出大量具有生活温度、情感浓度以及思想深度的史料细节,并通过多种渠道拍摄、收集和整理了大量的文献资料、遗物、遗存。很多首度揭秘的珍贵历史档案,不仅让观众知晓了许多此前不为人知的历史细节,这些不为人知的幕后付出,也让这段历史故事不再只是一堆冷冰冰的资料,而是有了超越文学书籍和虚构影视作品的感染力与震撼力。由马约翰先生的夫人亲手缝制的西南联大唯一的一面校旗,仍然珍藏在西南联大博物馆中,诉说着中国高等教育史上西南联大八年扎根边疆、学术报国的历史往事。

与目前反映教育家的多数作品不同的是,纪录片《百年巨匠·教育体育篇》注重讴歌对新中国高等教育作出重大探索和重要贡献的红色教育家,如吴玉章、蒋南翔等。第九届全国人大常委会副委员长彭珮云同志,在接受节目组采访时深情回忆:"1953年,清华大学实施由蒋南翔先生提出建立的政治辅导员制度,并选出了25人担任政治辅导员。他们和学生同吃、同住、同学习,负责班级的日常思想政治工作和党团组织建设工作,这样既有利于密切联系学生,深入开展思想政治工作,引导学生努力做到'又红又专',又为国家培养和输送了一批'又红又专'双肩挑的干部,南翔同志曾对他们说,年轻的时候做些思想政治工作,学些马列主义理论,将对终身有益。"曾任全国政协副主席的郝建秀曾回忆道:"吴玉章校长给了我很多指导和帮助,他把我邀请到家中,专门做了重点辅导。"很多年后,当郝建秀一步步走上纺织工业部副部长、国家计划委员会副主任、全国政协副主席的岗位,这一段火热的求学时光无疑为一名年轻的纺织女工成长为共和国纺织工业的领导者铸造了坚实的教育之基。

教育乃"国之大者"。中国教育电视台作为唯一的国家级专业教育传媒平台，作为中国式现代化历史进程和中华民族现代文明建设的记录者、传承者、弘扬者，肩负着提高国民教育文化素质、促进广大青少年健康成长的使命。我们希望与其他合作机构一起让《百年巨匠·教育体育篇》能够成为一扇窗口，以有限的文字与影像，尽最大努力向世人展示教育大家们丰富的精神思想遗产。

故结此集，与读者共享共思。

重塑巨匠形象 重温巨匠精神

——《百年巨匠·教育体育篇》丛书出版说明

陈宏

《百年巨匠·教育体育篇》总编导

  《百年巨匠·教育体育篇》丛书根据同名人物传记类纪录片拓展编著而成，目前正式推出关于蔡元培、陶行知、黄炎培、吴玉章、叶圣陶、马约翰、蒋南翔、张伯苓、董守义九位著名教育家（含体育教育家）的作品，讲述他们的生平事迹、教育活动、教育思想、教育贡献、历史影响以及对今天的启示，展示他们"学为人师，行为世范"的教育情操和人格魅力，讴歌他们教育救国、教育强国的家国情怀和理想信念。

一、背景意义

  教育乃"国之大者"。教育在国家富强、民族振兴和社会发展中具有基础性地位；师者乃人类灵魂之工程师，承载着传播知识、播种文明和培根铸魂、塑造新人之时代重任。回望过去的一百年，特别是上个世纪的上半叶，教育在改造社会、教师在重塑国民的伟大社会革命实践中发挥了基础性和先导性作用。习近平总书记曾指出，教师是人类历史上最古老的职业之一，也是最伟大、最神圣的职业之一。在古代，孔子被推崇为"大成至圣先师"，被誉为"万世师表"。在中华民族文明发展史上，特别是在近现代百年来中国教育事业发展的历史进程中，英雄辈出，大师荟萃，涌现出许许多多辛勤耕耘、涉猎广博、造诣精深的"大师级"教育家，不同程度地推动了中国社会历史的发展。随着岁月的流逝，如何将他们的教育实践、教育思想、教育成果、大师精神保存和传承下去，构建系统丰富的中国教育名家大师的教育人生档案和思想精神宝库，并使之成为滋养广大青少年的精神文化财富，是一项具有重要意义的文化教育工程。鉴于此，中国文学艺术界联合会、中国文学艺术基金会、中国教育电视台与百年巨匠（北京）文化传播有限公司携手联合相关单位及机构，勇担历史赋予的责任和使命，组织教育领域和影视领域相关专家学者，站在继承和丰富中国传统教育文化的历史高度，汲取国际先进教育理念，共同策划制作播出了大型教育（含体育教育）题材人物传记类纪录片《百年巨匠·教育体育篇》，获得了中国电视金鹰奖等十余个奖项，在社会上引起广泛反响。重塑大师形象，重温大师精神。这套丛书就是基于该部大型系列纪录片的基本视角、基本结构、基本内容、基本理念，从百年巨匠的维度，用习近平新时代中国特色社会主义思想以及习近平总书记关于教育的重要讲话精神为指导来解读中国著名教育家（含体育教育家）的人物传记作品。

高山仰止，金鉴万代。用纪实美学的方式编著在教育界有重大影响、有卓越成就的名家大师，激活、唤醒、重塑他们的人文情怀、爱国精神和理想信念，具有重要的历史文献价值和社会时代价值。这是中国教育事业发展变迁的历史见证，是无数教育人智慧与汗水的结晶,是给后辈留下的珍贵遗产,也是展示国家民族文明进步的窗口。这些资源可以为校园思想政治教育提供珍贵的教材教案,可以为新时代造就有品德、有品格、有品位的"大先生"提供宝贵借鉴,可以为培养中华民族伟大复兴栋梁之材提供精神滋养。

二、编著原则

总的来说,《百年巨匠·教育体育篇》丛书脱胎于大型系列纪录片《百年巨匠》,因此,这套丛书首先要处理好承继性。电视纪录片《百年巨匠》及其各系列同名书籍由若干篇章构成,像建筑篇、艺术篇、音乐篇等等,这些作品在出品方的要求下,已经形成了统一的风格样式,因此本系列丛书在大的纪实风格样式上不去打破。其次是要坚持创新性。有继承,也应有创新。不同系列作品一波又一波的主创团队在尊重《百年巨匠》基本风格样式的基础上,又不同程度地加入了自己的创见。而且《百年巨匠》创作已逾十年,过去的十年和新的征程,既有历史的连续性,又有新的时代特征,创作者理应紧密把握时代发展大势和教育发展趋势,创作出回应时代关切的作品来。本系列的创新主要体现在"致广大而尽精微":视野更加深远辽阔,观照中国历史和人类世界的教育大师和教育思想;谱写更加精准细腻,在教育强国、科技强国、数字中国、职业教育等领域发挥人物传记讲好中国故事、传播好中国声音的独特价值,使《百年巨匠》品质达到新高度。

具体来说遵循以下原则:

一是教育视角。丛书讲述的教育家(含体育教育家),他们大多具有多重身份，但这里主要讲述其教育身份的这一面，侧重从教育角度讲述他们的教育历程、教育理念和教育贡献，并从中勾勒出鲜明的性格特征，凸显其卓越的人格魅力、崇高的精神情操及深沉的家国情怀。对其教育身份产生重要影响的其他事迹也稍有涉及。

二是当代视角。任何历史都是当代史。充分运用最新前沿研究成果，挖掘和披露新的史料，用当代视角解读诠释这些教育家，力争在一定程度上填补历史空白，努力使该书对当下教育有启发；建立与当下生活的连接，注重引发年轻人的共情，用他们的教育情怀和精神情操引领、滋养今天的教育工作者和广大青少年学生。

三是准确权威。因为是在为国家民族巨匠画像，作品中的史料、提法、评述力求准确，经得起当下的和历史的检验。对转述其他专家评价，包括采访其亲属和身边工作人员的提法也力求翔实，避免对大师过分拔高，在定性表述上谨慎用词，并对别的文献中使用过的"之父、奠基者、开创者、唯一"提法，慎之又慎，多方考证再用。

三、创作风格

丛书采用人物传记体，进行具有创新性的纪实美学表达。每册统一体例，内容包括引子和主体故事，其中主体故事由若干小故事构成，形成有张力、有冲突、有温度、有思想韵味的人物传记。

将大师的个体人物历史融进国家史、民族史、教育史中，紧密联系当时的历史背景和时代特征，讲好家教与中国传统文化、传统教育以及国际教育理念的关系，增加文本的底蕴与厚度，着力表现他们在波澜壮阔的历史潮流中，献身于国家与民族的伟大情怀和创造精神。

聚焦大师人生历程的几个转折点，通过故事化、传奇性的叙述展现人物跌宕起伏的命运史诗。人物创作如果把握不好很容易沦为生平事迹的流水账式介绍，类似人物的"日记体"、年谱，同时，也不能变成艰深晦涩的学术罗列。要讲好故事，必须挖掘其人生历程中的人物命运感，凸显其悬念、冲突、戏剧性。当然，只讲故事不带出理念，也会使作品失去高度和特色。本书努力将理念寓于故事中，并使其成为推动故事进展的内在逻辑力量。

用艺术展示学术。坚持"用形象演绎逻辑、用艺术展示学术、用故事阐释言论、用客观表达主观"的原则，努力把隐形化、基因化、碎片化的学术观点、历史资料变成具象化、故事化的表达。以润物细无声的方式，将学术观点渗透到大量史料和感人的故事中，做到艺术性和学术性的有机统一：无生搬硬套之嫌，有水到渠成之妙。

人物生活化。改变对大师"高大全"形象的塑造，而是再现一个更加人性化、生活化的有血有肉的大师形象。力求将大师伟大的人格与细腻的情感统一在故事中，用以小见大、由近及远的表现形式梳理人生，展现大师的教育实践、人格魅力，让大师的故事更加贴近生活、贴近历史，在波澜壮阔的历史洪流中彰显大师的家国情怀与教育贡献，努力追求作品既反映历史真相又记录时代进程，使其具有较强的文献传承性、历史厚重感和时代感召力。

特别要说明的是，研究这九位大师的九位著名学者，他们既是同名纪录片的学术撰稿人,也是本系列丛书的学术指导。他们以专业的学术见地和学术态度为丛书贡献了甚至毕生的研究成果,其中中国教育科学研究院的储朝晖研究员作为本系列丛书学术专家的组织协调者付出了更多心血;同名纪录片的编导主创团队也为本书提供了大量一手采访素材,包括收集到的多种文献资料;九位大师的家人、亲友、同事、学生等,深情讲述了他们的故事,也为本书提供了若干史料。是大家共同谱写了九位大师的人生故事,共同奏响了九位大师的命运交响曲,在此一并表达谢意!还要感谢外文出版社的大力支持,感谢胡开敏社长的热情指导,感谢蔡莉莉主任高度的责任感和辛勤付出,使本系列丛书得以顺利付梓!

目　录

引　子 / 1
第一章　家学立身 / 7
第二章　漫漫求学路 / 13
第三章　师夷长技 / 21
第四章　九死一生革命路 / 35
第五章　领航法国留学热潮 / 53
第六章　成都高师的新教育探路 / 65
第七章　双重身份，一个信仰 / 75
第八章　海外救国征途 / 87
第九章　延安鲁艺的艺术抗战 / 95
第十章　新文字运动 / 109
第十一章　延安大学 / 119
第十二章　新中国大学的摇篮 / 133
第十三章　新中国第一所新型正规大学——中国人民大学 / 153
第十四章　高等教育为工农开门 / 171

第十五章　首推高等函授教育　　　　　　　　　　／181

第十六章　文字改革的长征　　　　　　　　　　　／191

第十七章　革命家庭的家学传承　　　　　　　　　／207

第十八章　不朽的星光　　　　　　　　　　　　　／221

参考书目　　　　　　　　　　　　　　　　　　　／228

编导手记　　　　　　　　　　　　　　　　　　　／230

引子

伏案工作的吴玉章

引子

1949年10月1日，一位年逾古稀的老者吃完了一顿清淡朴素的餐食，穿上了最喜欢的黑色中山装，然后匆匆走出家门，坐上一辆十分陈旧的黑色小专车，开始了忙碌却意义非凡的一天。

下午2时，他以中央人民政府委员的身份出席了中央人民政府第一次会议，一个小时后，他来到天安门广场，在警卫员的搀扶下登上了天安门城楼，参加新中国的开国大典。

30万军民欢聚天安门广场，全国人民迎来了最为激动人心的时刻。毛泽东主席站在天安门城楼上向全世界庄严宣告："中华人民共和国中央人民政府今天成立了！"随后，毛泽东主席按动电钮，中华人民共和国第一面五星红旗在天安门广场上空冉冉升起。

天安门城楼上，有一位身着黑色中山装的古稀老者站在毛泽东主席身后，他就是与董必武、徐特立、谢觉哉、林伯渠一起被尊称为"延安五老"的吴玉章。

在天安门城楼上，吴玉章的目光不时投向金水桥右前方的位置，那里正站立着华北大学的师生游行队伍。此时的吴玉章正是华北大学的校长，据华北大学老校友王晋回忆，开国大典时，华北大学是唯一被允许通过金水桥主桥经过天安门的高校队伍。

海陆空三军接受检阅后，群众游行仪式开始，游行队伍的最后是14万人组成的大中学校师生队伍。下午6时，夜幕即将降临，华北大学师生高举毛主席亲笔题写的"华北大学"横幅，高喊着"中华人民共和国万岁"，精神抖擞地走进了天安门大道。

1950年10月3日，以华北大学为基础合并组建而成的中国人民大学正式开学，中国人民大学成为新中国创办的第一所新型正规大学。时年71岁的吴玉章，接受了中央人民政府委员会任命，担任中国人民大学的第一任校长。

吴玉章为中国人民大学的建校、成长和强盛呕心沥血了17个春秋。在这17年时间里，中国人民大学共计为国家培养各类建设人才7万余人。如今的校名"中国人民大学"几个字是吴玉章的手书。他生前并没有为学校题过字，"中国人民大学"是后人从他的手迹中摘选出来组合而成的。

2017年，在中国人民大学80周年校庆之际，学校的学生话剧团原创了一部献礼之作——话剧《吴玉章》。话剧根据吴玉章的真实经历改编，讲述了吴玉章从1948年到1966年先后担任华北大学校长、中国人民大学校长直至逝世期间的故事。

观看这部话剧也成为当时中国人民大学新生和新入职教职工的"开学第一课"。在这堂特殊的课上，他们身临其境地走入了老校长为创办、建设和发展中国高等教育而殚精竭虑排除万难的故事。

他，铮铮铁骨，凛然无惧——
"只要能让大家尽快脱离危险，我这一把老骨头死不足惜！"

他，为人师表，循循善诱——
"我一生都乐于办学校，愿意为国家培养人才作贡献。"

他,满怀赤诚,心系人民——
"没有人民解决不了的问题,为了人民我们可以解决所有问题。"

他,就是中国人民大学首任校长吴玉章。
他的一生都坚持革命,坚持办教育,
坚持"一辈子做好事"。

第一章

家学立身

群山环抱下的四川物产丰富，沃野千里，在两千多年前就被人们称为"天府之国"。位于四川盆地南部的荣县多是丘陵地带，地处长江上游、沱江、岷江水系之间。这座山水润泽的千年古县，曾是黄帝之子青阳玄嚣的封国，历史悠长，人文欣荣。南宋诗人陆游到荣县任官时，曾写下赞诗："其民简朴士甚良，千里郁为诗书乡。"

1878年，在荣县双石桥蔡家堰的一个耕读世家，一个男婴呱呱坠地，这个吴姓人家按照族谱为他取名永珊，号玉章，字树人。

吴玉章的祖上并非土生土长的四川人，据《渤海郡吴氏族谱》记载，吴玉章的祖辈世代居住在江南江宁（今江苏南京）城中，吴家为官宦人家，有一脉子孙于清朝康熙年间迁往福建，后来虽然家道中落，但作为书香门第的吴家族人在耕种之余，仍不忘教育子孙后代读书。后来，吴家人在恢复四川经济的"湖广填四川"的大规模移民运动中来到了四川，自此在荣县一带开荒扩地，最终扎下根来。吴家所在的蔡家堰距双石桥5里，距荣县县城28里，处在由东向西的交通要道上，家族绵延200多年，吴玉章则为吴应亮一系入川的第五世孙。

吴家宅院靠右的一房吴家人丁不旺，家境衰败，吴玉章的祖上就将右边的祖屋买下。整座院子有几十间房屋，视野开阔，取名"庆余堂"。庆余堂的正厅中贴着门联，门联中写着泰伯让国以成吴姓的典故："百年丕振延陵绪，三让犹存泰伯心。"下堂屋的门联散发着一股田园书香气，写着："荆树有花兄弟乐，砚田无税子孙耕。"庆余堂的

吴玉章故居

院门上悬挂着匾对"耕读传家,泰伯遗风"。

荣县县志曾为吴玉章的先祖吴自能立传称颂,吴自能逝世多年后,仍为人们所称道。吴家勤耕笃学、孝悌忠信、和睦乡邻的家风在当地传为美谈。

吴玉章的祖母黄氏慈爱温和,儿时的他多受祖母教诲。他后来回忆说:"原来我兄弟姐妹五人,我是最小的一个。我出世时父母年龄俱在四十以上,身体十分羸弱,人人都以为此子未必能养得活,而年近八旬的祖母及我父母却非常钟爱,十分注意来抚养,时时以戒慎恐惧之心来看护,并时时申儆之曰:'从艰难困苦中长成的人才更有用处。'我因此就受了很大影响,不敢自暴自弃。我祖母是一有名的节孝者,爱整齐严肃、清洁勤俭,极讲究卫生,极恨烟赌,不许妄取人物,尝戒童孩曰:'小来偷针大来偷金,不义之物宁饿死不接受。'"

吴玉章的父亲吴世敏,分得祖业田土五十亩,一边务农,一边读书。母亲曹氏年长吴世敏两岁,虽没有多少文化,却是个质朴勤劳的农家妇女。吴玉章回忆说："我父母也极孝顺，中农家庭，衣食勉强足以自给，世世以耕读传家。我父极爱读书，但以务农管家，不能遂其求学之愿，故亟望其子学有成就。他尝说：'汝等必须立身行道以扬名于后世。'"

吴世敏常常告诫孩子要"富贵不能淫，贫贱不能移，威武不能屈"，"临财毋苟得，临难毋苟免"，修身立世的家教培育出了吴玉章敦厚纯良、忠义坚毅的品行。

吴家历来都极为重视子女的教育，吴玉章六岁开始念书，发蒙于宗祠。由于家塾在双石桥张家祠，离家太远，他便转到了离家三里的大才寨读书。

吴玉章天资聪慧，成绩优异，他在自己的《六十自述》中说道："我小时颇聪明沉静、老实可靠，家庭儿童应作之事，如洒扫庭除、整理什物等等都能负责完成任务。不偷懒、不苟且、不半途而废、不需大人督责；不放肆、不轻浮，循规蹈矩，有大人气概。"

当时，亲戚朋友每次见到吴玉章都不免夸奖他几句，吴玉章的祖母却能保持内心清明，劝说亲戚朋友们："不要过于夸奖他，锅盖子揭早了会出气。"那时乡间常用大锅烧开水，倘若水还没烧开就提前揭了锅盖，水就难开了。吴玉章深知祖母用心，内心常自矢："必不负你们之望！"

吴玉章立志做事必有始有终，以求贯彻。有时感到疲劳想要放弃时，他就在心中自我警醒："这不会贻笑于人吗？"于是，又忍耐着痛苦，继续克服困难，直到完成。久而久之，吴玉章深切体会到有了毅力就能克服一切，于是自信心更足了。祖母的谆谆教诲让他受益终生。

吴玉章在家中排行第五，上有两个哥哥和两个姐姐。两个姐姐先后出嫁，而长兄吴永得一边读书，一边与父亲共同料理家事，这才使得吴玉章和二哥吴永锟可以心无旁骛地读书。吴玉章原本生活在温馨和睦、幸福美满的大家庭里，不料天有不测风云，在他7岁时，父亲不幸去世，长兄吴永得便成了家里的顶梁柱，全力支撑着这个家。

吴玉章小时候受祖母影响最深，然而到他11岁时，86岁的祖母也离他而去。两年后，吴玉章再失慈母，"哀痛几绝"。此后，吴玉章就由两位兄长抚养长大。

二哥吴永锟自小聪慧过人，19岁就考中了秀才，他对吴玉章的影响也是极大的。吴玉章在吴永锟的指导下习读《通鉴辑览》等史书，他特别喜爱诸葛亮的《出师表》、岳飞的《满江红》、文天祥的《正气歌》，还有史可法的《复多尔衮书》、黄淳耀的《见义不为无勇也》等名作。他和二哥常常萤灯对坐，一同谈论文天祥、范仲淹、史可法等历代名臣的高风亮节，品读他们感人至深的故事，读到动情之处，常常废书兴叹，抱头痛哭一番。

吴玉章最崇拜诸葛亮，曾说："我幼小时很佩服孔明的小心谨慎，尤以他'淡泊以明志，宁静以致远'感人最深。我的镇静沉毅的功夫就从他学来。"

从那以后，历代先贤的高风亮节和崇高品格便在年幼的吴玉章心里埋下了一颗种子。他立志要成就一番事业，最强烈的愿望就是盼望国家尽快改变现状，变得强大。

吴玉章一直视家庭的成长环境为自己一生的宝贵财富，曾说："这些教育，对于我后来参加革命活动，对于培养我的民族气节和革命气节，对于我参加革命后的生活习惯和作风，都曾发生过积极的影响。"

百年巨匠

吴玉章 Wu Yuzhang

第二章 漫漫求学路

吴玉章出生的时代是中国经历两次鸦片战争后，西方侵略者纷至沓来瓜分和掠夺中国领土的时代。当时的晚清政府自诩为"天朝上国"，对整个世界茫然不知，帝国主义列强对中国进行了军事、政治、经济和文化上的侵略，迫使中国签订了一系列不平等条约。自1840年以来，国人一直生活在饱受欺凌的屈辱之中。

1892年，刚满13岁的吴玉章随二哥吴永锟来到成都求学。吴永锟得以进入尊经书院深造，也将弟弟吴玉章带进了书院读书。对于6岁开始上私塾的吴玉章来说，此前的他脑中占主导地位的是传统的忠孝节义，而这次尊经书院的求学经历极大开阔了他的眼界，成为他思想启蒙的新起点。

尊经书院是晚清重臣张之洞任四川学政时创办的一所省级官办书院，是四川近代高等学校的源头之一。尊经书院不志科举，倡导经世致用的理念，在教学上放弃了传统书院的八股文。书院翻译刻印了部分西方资产阶级学者的著作，引入了世界范畴的一些新思想，教授西方科学知识，改变学生的知识结构和思维格局。书院规模宏大，门上的对联赫然题写着"考四海而为隽，纬群龙之所经"。

吴玉章当时的同伴中有一个名叫黄芝的人，黄芝和二哥吴永锟是同榜的秀才，他博览群书，对文字学、汉学颇有研究。吴玉章和黄芝经常一起去游览武侯祠、草堂寺等名胜古迹。每当傍晚，他们去城墙上散步时，黄芝总要指点一番胜迹，为吴玉章讲诸葛亮和杜甫等人的故事，有时联系到当前国家的危机，黄芝还会大发感慨之词。在二哥吴永锟和黄芝的影响下，吴玉章从小就养成了关心国家大事的习惯。

1895年，中日甲午战争失败后，清政府被迫与日本政府签订了丧权辱国的《马关条约》。这一前所未有的卖国条约，让全国为之震动，也令17岁的吴玉章感到痛心疾首。《吴玉章回忆录》中说："在这次战争中，虽然中国人民的抗日意志很坚决，士兵作战也很英勇，但由于统治者的腐败无能和投降派的从中破坏，结果中国还是失败得极其悲惨。"

自1892年吴玉章的母亲去世后，吴玉章和二哥就回到了家中，为母亲守孝三年。就在甲午战败的消息传来，吴玉章看到光绪帝的乞和之诏时，他和二哥在悲愤中痛哭不止。吴玉章在回忆录中说："家庭的不幸使我们对国家的危亡更具敏感，我们当时悲痛之深，实非语言所能表述。"

中日甲午战争的失败，更加激发了吴玉章的救国热忱，他认为寻找一条救亡图存的道路，已经迫在眉睫。吴玉章知道当时政治的腐败和官场的黑暗，因此对洋务运动的失败并不感到意外。但是，中国的出路究竟在哪里？

守孝期满后，吴玉章的二哥返回成都尊经书院，吴玉章则去了旭川书院（今自贡市贡井区旭川中学的前身）求学。正当吴玉章在国家政治和民族命运的问题上感到十分苦闷的时候，外面传来了康有为、梁启超变法维新的思想。1898年6月11日，全国开始了轰轰烈烈的"戊戌变法"，发起了一场提倡科学文化，改革政治、教育制度，发展农、工、商业等的资产阶级改良运动。吴玉章当时觉得康有为、梁启超的维新思想比他当年所要追寻的忠君爱国的思想要进步很多，所以他热烈地接受了这些新思想，并毅然选择了维新救国的道路。

在戊戌变法期间，吴玉章受维新改良主义的影响，积极参与变法维新，他希望通过维新改良运动使国家外御强敌、内修吏治，走上富强之路。他与同乡好友龙鸣剑、黄真三人成立了"旭川书院时务研讨会"，积极宣传维新思想。他们三人分工：一人负责摘编《时务报》上的文章，一人负责抄写张贴，一人发表演说，吴玉章分担了演说的任务。一时间，变法维新的思想在旭川书院里蔚然成风，学生们甚至走出校门，在自贡的大街小巷里宣传变法和维新的新消息、新气象。

在旭川书院上学期间，吴玉章经常阅读二哥寄回的各种维新变法的书刊。因为热情宣传维新变法的政治主张，吴玉章甚至被同学们称为"时务大家"。支持维新变法的人见到吴玉章都高兴地说："'时务大家'，今天给我们讲点什么呢？"守旧派见到吴玉章则是冷嘲热讽，并威胁说："听'时务大家'的嘛，那是要杀头的。"吴玉章对这些嘲讽并不在意，依然坚持主张，宣扬维新思想。

光绪皇帝连续颁发诏书，自上而下地实行一些改良政策。吴玉章对兴办学堂、办报纸、发展实业、裁撤官僚机构、整顿腐败军队等改革颇为期待，曾说："真这样搞下去，国没有不强的，军队没有不能打仗的，老百姓没有说过不上好日子的。"

然而，维新变法从6月11日开始，只推行到9月21日这一天，反对改革的慈禧太后发动政变，囚禁了光绪皇帝，并下令废除新法，抓捕维新派。持续了103天的"戊戌变法"最后以失败告终。

吴玉章在纪念戊戌变法60周年的演讲中说道："戊戌变法虽然只有一百天，但它确实起了启蒙作用，它要打破陈规旧习，废除八股取士的制度，主张开办新式学校，主张发展资本主义工商业等等。一时除旧布新的政令不断发出，维新变法的学说风行海内。所有这些在当时都振奋了人心，鼓舞了广大的进步青年。我们在那个时候是很受感动的。但是变法维新只有一百天就失败了，希望成了泡影，那时的进步青年人对清朝政府的顽固派极为愤恨。意志坚强的人继续奋斗，他们不但没有因为变法失败而灰心丧气，相反的更加积极要求进一步探求救国救民的真理。"

戊戌变法失败后，一些守旧人士开始嘲笑吴玉章，但吴玉章始终坚信"新政仍要实行"，对新学的兴趣反而更加浓厚。他继续研习《新学伪经考》《孔子改制考》《大同书》等维新变法的各类著作，阅读严复翻译的《天演论》等西方著作，学习达尔文"物竞天择""优胜劣汰"的进化论思想，深感"惊怵于亡国的危险，不得不奋起图存"。

吴玉章被迫离开了旭川书院，戊戌变法的失败让吴玉章一时感到沮丧，而不久之后家里发生的一件事再次让他感到无奈和憋闷。

吴玉章的大嫂执意要给14岁的女儿裹脚。这个残害中国女性的千年陋习让吴玉章无法坐视不理，他试图出面阻止，但大嫂的回答却是，如果你能让全天下的女子都不裹脚，我就不给女儿裹脚，否则，她以后会嫁不出去！

那一刻，吴玉章沉默了，中国的旧文化沿袭了数千年，封建思想早已根深蒂固，就连他在几年前所娶的妻子游丙莲也没有逃过缠足的命运。

在此之前，上海成立了天足会，吴玉章和二哥便成了反对缠足的激进分子。大哥虽对缠足的女子深感同情，却也无力阻止自己家里的悲剧，大嫂最终还是坚持旧习，亲自把女儿的脚缠上了。

吴玉章陷入了深思，不禁在回忆录中感叹道："唉！变什么法？维什么新？就在自己家里也行不通呵！这真使我感到痛心。其实，这不简单是一个家庭里的问题，也不简单是一个放脚的问题，这乃是一场严重的新旧的斗争。在当时新旧势力对比的条件下，要求象我大嫂那样的人也赞成放脚，简直是不可想象的事。"

偌大的院落却容不下一双自由行走的脚，泱泱华夏难寻光明大道。吴玉章不停地思考着，究竟怎样才能改变民族和国人的命运？1900年，吴玉章应聘到县城里的一个大地主家里教书，次年又到威远县去求学。

吴玉章虽然无心功名，但科举考试在当时还是衡量一个学者的重要标准，他也不得不顺应时俗，去参加科考。吴玉章有一年的县考、府考成绩很好，府考还得了第一名。阅卷人在吴玉章的文章后面写了一段很长的批语，最后两句是："此古之贾长沙，今之赫胥黎也。"

从1901年起，清政府开始废除八股，改考策论。院考时，吴玉章因是府考最后一场的第二名，被列为"堂号"（前十名称堂号，是学政必看的卷子）。但他在院考做策论时，文章写得太长，到了交卷的时候还没有写完，由此便落第了。亲友们都为他惋惜，他后来回忆此事时，却认为："这恰是一件好事，它促使我走上了革命的道路。"

吴玉章渴求新知识的愿望愈发强烈。1902年，24岁的吴玉章赶往泸州的川南经纬学堂求学。川南经纬学堂由倡行"新政"的周孝怀创办，周孝怀曾被清朝政府派到日本去学警政，回国后，就替清政府在四川推行所谓的"新政"。川南经纬学堂的校长为荣县的翰林赵熙，赵校长是周孝怀的老师，他的学问和书法在川南都颇为有名。

然而，这个标榜"新学"的学堂很快就让吴玉章大失所望，他回忆这段求学经历时提到："这里居然把《仪礼》当作一门重点课程来教。里边讲的全是封建的礼节，'非礼勿视，非礼勿听，非礼勿言，非礼勿动'，依此做去，比缠小脚还厉害，别说动弹，连思想都被绑住了。这位赵翰林，也不是讲讲就算，他立了很多烦琐的规矩，比如进开会的礼堂要经过一道石梯，上石梯如何出脚甩手都是有章法的。也有装点门面的课程，新学离不开学洋人，学洋人必得学他们的语言和文字，于是每周都有几节课的ABCD英文。一个星期过去了，老师只教了六个字母，而且把ABCD读成'捏笔射敌'，捏笔就是拿笔，也有叫'拿笔射敌'的，简直把人气坏了。"

办学的周孝怀实则是一个善于投机取巧的官僚政客，他所推行的"新政"，并不是兴利除弊，而是兴害作弊。赵校长虽负有诗名，但思想却非常顽固，整个经纬学堂极其腐败，用吴玉章的话来说，"挂的是'新学'的羊头，卖的是'旧学'的狗肉"。吴玉章在学校只住了十多天就愤而弃学，回了家，从此再也不想在四川上什么"新式学堂"了。

18年的求学经历，让吴玉章彻底认识到，孔孟之道、变法之道都难以救国，无法振兴中华民族。随后，年少的吴玉章毅然作出了一个决定，他要为国远行，求索兴国之道。眼见日本通过明治维新迅速崛起，或许答案，就在山海的另一端。

百年巨匠

吴玉章 Wu Yuzhang

第三章 师夷长技

19世纪末，在维新思想的影响下，地势偏僻的四川已经开始传播资产阶级文化思想。1901年，四川首选了22名青年留学日本，学习先进知识。20世纪初的这段时期，中国青年留学日本的风潮盛行一时。

1902年底，吴永锟和黄芝等同学办好了自费留学日本的各种手续，从成都回到了家中。吴玉章听到二哥吴永锟要去日本留学，感到十分兴奋，他很早就从教会里流传出来的一些书中了解到国外的部分先进理论和技术，早已萌生了走出国门、"师夷长技"的愿望。

明治维新后的日本，犹如樱花绽放的春天，工业、军事、文化、教育等各个领域生机勃勃，整个国家迈向了一个崭新的时代。为什么日本的明治维新能够成功，中国的戊戌变法却惨遭失败？吴玉章非常想去日本探寻究竟。除此之外，他还想到日本学一些谋生的本领，吸收一些先进的理念，由此，他便有了与二哥一同留学日本的想法。

此时的吴家已然家道中落，吴玉章三兄弟和一大家子人守着祖上留下的几十亩田地勉强度日，经济上并不宽裕。吴玉章把留学日本的想法告诉了两位兄长，没想到大哥和二哥立马同意了。

当时到日本留学的先期基本费用大约为四百两银子，大哥吴永得为两个弟弟筹措留学费用时不惜变卖田产，可谓是费尽了心力。尽管如此，家里也只凑到二百余两银子，剩下的一半学费尚无着落。学费缺口尚大，但这依然没有阻挡吴玉章出国求学的决心，他决定先跟随二哥他们到上海,再想办法筹钱去日本留学。

吴玉章做好了远行的各项准备,对家人充满了不舍,他曾在《从甲午战争前后到辛亥革命前后的回忆》一文中提到当时的心情:"这时我刚结婚六年多,已有一个不到五岁的女儿和一个不到三岁的儿子,妻贤子幼,实在不忍分离。但是,为了挽救祖国的危亡,为了争取自己的前途,我没有因儿女私情动摇上进的决心。"

吴玉章的妻子游丙莲是一个普通的农家女子,她识字不多,年长吴玉章两岁,两人遵从父母之命和媒妁之言而喜结良缘,过着夫妻和睦、相敬如宾的幸福生活。两个孩子正是咿呀学语、充满童真的年纪,吴玉章这一走,全家里里外外的重担就都落在了妻子游丙莲身上。虽然妻子没有任何怨言,但吴玉章心里还是充满了歉疚。他期盼着革命早日成功,他就能与家人早日团聚。然而谁也没想到,吴玉章与妻子游丙莲的分居生活,前前后后竟长达44年。

吴玉章和二哥吴永锟带上行李,踏上了漫漫求学路。乘船经过长江三峡时,吴玉章以"东游述志"为题,写下一篇慷慨激昂的诗作:"不辞艰险出夔门,救国图强一片心。莫谓东方皆落后,亚洲崛起有黄人。"

吴玉章和二哥到了革命风气正盛的上海,短暂停留了十来天。前不久刚刚爆发的"学界风潮"让蔡元培等人名声大噪,资产阶级革命让吴玉章大开眼界,让他感受到了比洋务派、维新派的改良主义更有力量的革命思想。很快,吴玉章打听到了留学日本花费不多的确切消息,他改变了原来滞留上海的计划,决定跟随二哥等人一起出发,同去日本。

1903年3月,一艘客船驶出长江,奔赴大海。吴玉章和二哥就在这条船上,他们从上海出发,漂洋过海,驶向了心之所向的求学之地。

兄弟二人来到日本东京后，吴永锟打算进入六个月毕业的宏文学院速成师范科，而吴玉章却想多用一些时间，从中学读到大学，学习理工科。吴玉章的四川同乡毛沛霖、张师孔二人在东京的成城中学读理工科。他们对吴玉章建议道："要学理工，必须先打好科学基础。"他们还劝吴玉章千万别进一般的私立学校，日本有些私立学校办得很不好，学不到什么东西，并提出："如果能进成城中学就好了。"

可惜，此时的成城中学已经停收中国学生了。在此以前，成城中学是日本士官学校的预备学校，只收很少的文科学生。现在，日本已经创办了一个专收日本人的陆军幼年学校，作为士官学校的预备学校，因此，成城中学就要改为五年制的中学，并要停收中国学生了。

毛沛霖、张师孔两人认为成城中学纪律严明，学习氛围很好，对它停收中国学生感到非常惋惜。吴玉章不想轻言放弃，就请他们去和成城中学校长冈本则录商量：请"成城"照以前一样继续为中国人开办两年半的速成中学班，专办文科。

于是，吴玉章从4月起，一面坚持在留学生会馆学习日文，一面开展争取入学成城学校的工作。就在这个月，中国革命的浪潮再次高涨，留日学生和全国人民一起为反对沙俄强占东北领土而斗争，掀起了著名的拒俄运动。4月29日，留日学生在日本东京的锦辉馆举行大会，以示抗议，要求成立拒俄义勇队，与沙俄决战沙场。

吴玉章参加了大会，他和二哥毫不犹豫地为拒俄运动签下了名字，同去日本的黄芝却不肯签名，他也不赞成吴玉章闹革命。黄芝还给吴玉章的大哥吴永得写信，说吴玉章兄弟二人为革命之说所惑，与乱民逆党为伍，参加了革命，若不及时掉头，恐怕永远也回不了家。

好在大哥吴永得和妻子游丙莲并不尽信外人之言，他们相信吴玉章和吴永锟两人忠诚老实，不会作出任何不利于国家人民的事情，因而没有太过惶恐。吴玉章得知黄芝的小动作后，反而有了逼上梁山的气魄，他在回忆录中写道："反正回不了家，干脆就在外边搞革命吧。"

随后，吴玉章放弃了温和的改良主义，坚定了轰轰烈烈的资产阶级革命思想。他在《从甲午战争前后到辛亥革命前后的回忆》一文中阐述自己的思想变化："我在去日本的途中，就已经呼吸到了革命的空气；到日本以后，又受到了更多的革命思想的影响，而且还参加了拒俄学生运动；这样，改良主义思想在我头脑中就逐渐丧失了地位。正因为如此，所以黄芝写信回家说我参加了革命，不但未能使我发生恐慌，反而更加坚定了我参加革命的意志。我一怒之下，马上将头上的辫子剪了，以示永不回头的决心。当时在留日学生中，剪了发的人固然很多，但留辫子的人也还不少。例如许多士官学校的学生，就留着半边头发，并用帽子把它盖着呢。由于经过了这许多的变化，所以当我读了邹容的《革命军》等文章以后，我在思想上便完全和改良主义决裂了。"

吴玉章在随后写给家人的信中叮嘱妻子万不能给女儿缠脚，他也向大哥表明，可与家庭脱离关系，使革命事业失败不致累及家庭。

经过半年的学习，二哥吴永锟从弘文学院毕业，准备回国，吴玉章写诗相赠，以示报效祖国的决心：

中原王气久消磨，四面军声遍楚歌。
仗剑纵横摧房骑，不教荆棘没铜驼。

经过一段时间的努力，吴玉章的求学之事终于有了结果。成城中学校长冈本则录同意招收中国学生，再次为中国学生开办起了两年半的速成中学班，但他提出了一个要求，至少要有20人才能开班。吴玉章为了组织到20个人一起入学，花费了很多力气，有几次眼看就

吴玉章(右一)和日本同学

要成功了,最后却没达到人数。吴玉章并未因失败而灰心,他最终完成了这项任务,组成了一个班。

成城中学校风严谨、功课严格,开设有日文、历史、地理、数学、物理、化学、博物、图画八门课和体操,学校教员的能力很强,教学非常认真。学生全部寄宿,只有星期三、星期六的下午和星期日才被允许外出。

在读书期间,吴玉章处理同学之间的问题时,总是大公无私,考虑周全,同班的几十个中国学生纷纷推举他来担任班长。吴玉章成为班长后,更是毫无保留地为全班同学服务。

在入读成城中学的第二年年初,吴玉章离家时带出来的钱已经基本用完,大哥筹措的钱时常不能按时寄来,他也因此常常拖欠学费。同学们得知他有极大的经济困难后,想要把县里提供的一个官费生名额给他。因吴玉章到日本早,又是中国留学生的班长,学习成绩好,家庭也确实困难,同学们便想以此为理由一起去替吴玉章申请名额,获得批准是不成问题的。

吴玉章从小就受"临财毋苟得、临难毋苟免"的教育,他坚决地谢绝了同学们的好意,提议把名额分给同县学军事的罗厚常,以求培养好一位军事人才。同学们同意了吴玉章的提议,最终罗厚常的官费资格获得了批准。吴玉章把官费生名额让给同学的事迹,收获了大家的一致好评和由衷的敬佩,他在同学中的威信也日益增长。

校方听说了这件事之后,十分赞赏吴玉章的无私精神,不但没有向他催缴欠下的学费,还照常按月下发零用钱给他。吴玉章也非常自觉,只要家里的钱一寄到,他立马就去交纳欠下的学费。尽管他的学费总是时欠时交,在同学们的全力帮助和学校的照顾下,吴玉章一直到毕业都从未中断过学业。他在回忆录中颇为感动地谈到这段求学经历:"由此可见,一人若能顾大家,大家也一定能顾这一人。相反,一切自私自利者,都常以损人始而以害己终。违背群众利益的人是永远不会有好下场的。"

成城中学有一个传统,在元旦这一天,学校会把全世界的国旗共同挂起。到了1904年元旦,吴玉章和同学们特意去看中国的国旗。但他们来到现场后,失落地发现万国旗中竟然没有中国国旗,这让满怀爱国热情的中国学生大为愤慨。作为班长的吴玉章号召大家进行抗争,他向学校提出:若不道歉和纠正错误,我们便不上课、不吃饭。吴玉章不仅要求校方赔礼道歉,还要求学校挂出中国国旗!

学校当局对吴玉章说:"我们对你这样好,你为什么领着大家来反对学校呢?"吴玉章坚定地回答:"学校对我好,我很感谢,但是,对于国家荣辱的大事,我们是不能不誓死力争的呀!"

当时的日本对中国留日的学生,一向采取拉拢和收买政策,而留日学生中也确实有一些见利忘义之徒。吴玉章在回忆录中坚定地表达了自己的爱国立场："一个人是否把国家民族的利益看得比个人的利益更为重要，是决定这个人能否坚持民族气节的关键。我从来把民族大义看得至高无上，所以，一碰到日本帝国主义侮辱中国的事情，便马上抛弃了过去对它比较友好的感情，转而和它斗争。"

面对这群团结一致坚决护卫国家荣誉的中国留学生，学校当局只好作出让步，校方向学生们道了歉，并且挂上了中国的国旗。

在日本留学期间的吴玉章

吴玉章在学习之余，如饥似渴地吸收了资产阶级平等、自由、民主的思想理念，他认为这才是打破中国封建专制的有力武器。他在学习理论的同时，积极参加爱国运动，先后加入了一些革命组织。他还经常在东京参加四川同乡会的聚会，结识一些进步人士和革命活跃分子。

就在吴玉章为中国国旗进行斗争的这一年，日本和沙皇俄国侵占中国东北和朝鲜，在中国东北的土地上进行了一场罪恶的帝国主义战争。软弱的清政府却宣布对战争保持"中立"。吴玉章对此痛心疾首，激愤之余写下一首诗：

剑气虹光出国门，迢迢万里赋东征。

国尚少年人渐老，睡狮何日得惺惺！

1904年11月22日，吴玉章参加了四川留日学生在东京召开的同乡会，300名留学生参会，共同反对帝国主义掠夺四川路矿权，号召四川人民集资自办川汉铁路。会后，留学生们上书四川总督锡良，提出了集股办法和改进川汉铁路公司的意见。11月27日，四川留日学生发出了《为川汉铁路事敬告全蜀父老书》，呼吁全蜀父老：自办铁路！速办铁路！

吴玉章一直对国家的前途忧心如焚。1905年初，他在致故乡友人的书信中写道："中国的救亡之道，一在开放，二在改革。"关于开放，他认为"夫今日之势，既不能闭关自守，则必与各国交通；与各国交通，则不可不观世界之大势。今日号独立国者，其政体非立宪即共和，其专制而称独立国者，仅俄罗斯与中国。……今者日俄战事，各国有仲裁之说。彼二国事平，即我国事始。稍有识者皆知此番交涉之难，而况西有川汉铁路与英法之交涉，又有粤汉铁路与美之交涉，更有广西乱事与法人之交涉。其他山东、澳门、厦门等交涉，外交之棘手当莫如斯时也。"

吴玉章在信中劝告故乡父老不要阻挠子弟出国留学，谈论到家乡人的僻陋：闻言改革则以为学洋人，抱着先王之制不放，故一切应改革之事，无不起而非之。吴玉章明确指出救国必须反专制体制，如今的中国在清廷的统治下"社会政治无一不腐败，朝野上下，其所言所行，混混浊浊，几令人不欲置身于其丛中"。

1905年7月中旬，孙中山从欧洲辗转来到日本，受到中国留日学生和革命团体的热烈欢迎。孙中山深感各个革命团体分头活动，力量分散，不能适应当前革命形势的需要。他在各革命团体领导人中间做了很多工作，倡议成立一个全国规模的统一革命组织——中国革命同盟会，领导推翻清政府的民主革命斗争，这一倡议得到了大家的认同和响应，孙中山及其追随者开始筹建同盟会。吴玉章第一次见到孙中山时，在彼此的交谈中获益匪浅，他也很快投入到了同盟会的筹备工作中。

8月20日，中国同盟会成立大会在东京赤坂区灵南坂阪木金弥子爵的宅邸召开，到会加盟者三百余人。会议进行了三天，通过了《中国同盟会总章》，推选孙中山为同盟会总理，通过了"驱除鞑虏，恢复中华，创立民国，平均地权"的革命宗旨。

吴玉章在日本积极投身各种革命运动，在中国留日学生中有很高的声望，被选为同盟会总部评议部的评议员，成为同盟会最早的骨干之一。革命组织建立后，吴玉章振奋之余作诗一首：

廿世纪初零五年，东京盛会集群贤。

组成革命同盟会，领袖群伦孙逸仙。

1905年11月26日，中国同盟会机关刊物《民报》创刊。孙中山在发刊词中第一次公开提出了民族、民权、民生，简称"三民主义"，号召国人"颠覆现今之恶劣政府"，推翻皇帝，废除君主专制制度，建立民主共和国。

吴玉章在回忆录中写道："孙中山先生又在《民报》发刊词中提出了'三民主义'的主张。这样，同盟会就有了一套比较完备的资产阶级革命纲领。它不仅明确地提出了要根本推翻清朝政府二百多年来的反动统治，从而和改良主义彻底地划清了界线；提出了要彻底推翻二千多年来的封建君主专制制度，建立中华民国，这又比简单的反满复汉思想大大地前进了一步；而且它还提出了平均地权的主张，想以此来解决土地问题和预防资本主义在中国的发展。"

同盟会的成立基本上结束了各革命团体分散斗争的局面，使中国的民主革命有了统一的领导核心和明确的奋斗目标，标志着中国的资产阶级民主革命运动进入了一个全新阶段。由此，吴玉章也开启了有组织的革命斗争生涯。

吴玉章在1903年来到日本时，中国留学日本的人还不算多，总共不到千人，其中的四川人更少。吴玉章等人决定写一篇《劝游学书》，动员家乡人出国留学，他们又向四川学务处的提调方旭写信，建议"每县以官费派一、二人到日本学速成师范，以便回国创建新式学校；并请各县酌量资助自费留学生"。方旭对吴玉章等人的建议表示赞成，并积极推动了四川的留学运动。从第二年起，四川的留日学生数量大增，最多时有两三千人，其他各省的学生随之效仿。

1905年，清政府废除科举制，提倡新学后，中国留日学生总数高达两万多人，留日学生中革命运动发展迅速，让清政府感到震惊，于是，清政府开始设法对留日学生的活动进行管束。这年11月，日本文部省根据清政府的要求，颁布了《关于准许清国人入学之公私立学校之规程》，俗称《清国留学生取缔规则》。

这项规则对清朝留日学生的活动进行了限制，总共15条，其中第四条规定：中国留学生入学、转学必须经过清朝政府驻日公使的介绍和承认；第九条规定：清朝留学生居住的宿舍和在校外租宿的旅馆，必须取缔。《清国留学生取缔规则》颁布后，严格限制了中国学生留学日本，激起中国留学生的强烈反对，他们认为这个规则是日本政府与清政府相互勾结，为取缔中国留学生而制订的。

一场轰轰烈烈的反对"取缔规则"斗争随之爆发，湖南学生陈天华在忧愤之下蹈海自杀，将这次斗争推向了高潮，最后这场抗议运动激变为集体退学归国运动。

就在大批中国留日学生陆续回国的时候，东京忽然出现了一个维持会组织，提出愿意回国的学生仍可继续回国，不愿回国的可以留在日本。令人惊奇的是，这个组织里有同盟会的成员汪精卫。

原来孙中山得知留日学生掀起了爱国运动，特意发来加急电报，表示并不赞成留日学生全部回国的安排。这些留日学生中有一大批同盟会会员和革命骨干，全体回国后就有被清政府一网打尽的危险。汪精卫接到孙中山的指示后贸然组织起了这个维持会。

中国留日学生的这场斗争引起了国际舆论的同情，日本政府的反对派借此向执政党大肆攻击，引发了日本政界的震荡，日本执政党为了平息国际舆论，不得不作出让步。然而，此时留日学生总会的负责人都已星散，中国留日学生会馆里虽然还有少数人在办公，但满口都是埋怨之词。

每当吴玉章在革命生涯中遇到困难时，常常想起祖母的教诲，想起祖母说的"设宴席容易，收拾碗盏难""有头无尾的人，是没有出息的"。于是，吴玉章毫不犹豫地主动承担起责任，他每个星期都要到会馆去一两次，鼓励会馆的办公人员坚持下去。

12月30日的晚上，吴玉章和胡瑛两人冒着大雪和严寒，坐火车到乡下去找范源濂。热心的范源濂认为应该趁日本政府让步的时候，把留日学生会馆恢复起来，同时愿意代他们向日本政府交涉。

随后，范源濂到使馆积极活动，并与日本政府反复交涉，日本政府最终被迫答应了十多项条件，并使日本政府拖延了几年不肯承认的中国留日学生会馆获得了合法存在的权利。至此，这场轰轰烈烈的反对"取缔规则"斗争赢得了一定程度的胜利，适时结束了。

经过多次革命运动的洗礼，吴玉章已从改良主义的崇拜者和追随者，转变成了坚定的资产阶级革命者。他最先接受的是儒家传统思想，而后他又接受了变法维新的思想，到了日本之后，他逐渐把这些旧思想全都抛弃，接受了资产阶级民主主义革命的思想。在众多资产阶级革命思想中，吴玉章开始认识到，或许孙中山的资产阶级革命思想是改变中国现状的一把利器。

1906年4月，吴玉章以优异的成绩从成城学校普通班毕业。几个月后，他考入了日本冈山第六高等学校，学习工科，开始了长达六年的修学之路。

当时，清政府对各地的革命起义进行了残酷镇压，并对一切革命宣传进行了严厉的禁止和破坏。1906年以后，《民报》运进国内变得更为困难。留日学生中各省的革命同志纷纷以本省的名义创办和继续出版报刊，再将报刊分散运进国内，进行革命宣传。《云南》杂志以反对外国侵略为宣传核心，由此便比较容易地运进了国内。

吴玉章在冈山第六高等学校学习一年后，称病休假一年，来专心推进革命工作。他开始创办《四川》杂志，并给《四川》杂志社租了一个比较宽大的房子，经过快速的筹备，《四川》杂志终在1907年末以其鲜明的革命姿态与广大读者见面。

吴玉章通过《四川》杂志宣传反清反帝的革命思想，在年轻人中产生了巨大反响。他积极联络留日学生组织"共进会"，以扩大革命势力，从理论和实践两方面共同推动资产阶级革命运动。

此时，27岁的吴玉章已从一个青涩的学生变成了一个信念坚定的革命战士。他尚且不知未来将历经多少艰难困苦，但他知道，自己的一生都将为国家的振兴而不懈探索，为人民的幸福不懈奋斗。

百年巨匠
吴玉章 Wu Yuzhang
Century Masters

第四章 九死一生革命路

1909年，国内的革命局势发生了很大变化，同盟会组织的多次武装起义都惨遭失败，许多革命党人极为愤慨，想要通过暗杀清朝重要官吏，为革命打开新的局面，吴玉章也加入到了这些暗杀行动中。

这年秋天，汪精卫加入了喻云纪、黄复生等人策划的秘密行动，与他们一起去北京暗杀当时清政府的最高掌权人摄政王载沣，吴玉章则在日本负责购置器材和筹措经费，为刺杀行动备好炸药。不料这次暗杀行动由于事先准备不周导致失败，最终汪精卫和黄复生被逮捕入狱。

1910年夏，吴玉章为了营救汪精卫和黄复生，从日本经朝鲜潜伏回到北平，住在姐夫家。吴玉章奔忙多日，一直没有找到有效的营救办法，他的姐夫知道他是革命党人士，又见他近日形迹可疑，就替他买了一张去上海的票，成功把他骗上车，送离了北平。

吴玉章到了上海之后，只能将营救行动暂时放下。眼下，全国的革命局势变得越发有利，他很快转变了思路，或许只有进行彻底的革命，才能完成彻底的营救！

随后，吴玉章与上海的几位志同道合的友人一起南下去了香港，参加孙中山、黄兴、赵声等人正在酝酿的一场浩大的革命行动——广州起义。他们在广东积极筹备起义事宜的同时，还派人到广西乃至长江流域各省去配合革命行动，并通知了在日本和南洋各地的同盟会成员尽量参加。鉴于过去几次分散性起义失败的经验，这次起义决定集中全力，进行决战！

　　喻云纪等人为这次起义组织成立的秘密机关多达三十余处，四川的同志在广州城内设立了一个位于广州莲糖街十八号的秘密联络点。这栋房子因是吴玉章出面租下的，也被称为"吴老翁公馆"（吴公馆）。

　　这次起义工作事先进行了充分准备和周密部署。为筹措经费，孙中山四处奔波，亲自去找各路海外华侨募集钱款，最终募得二十万元左右的资金。为储备军火，陆续有好几批人分头去了多个国家进行武器购买，吴玉章的主要任务则是去日本购运枪弹。

　　购买军火是一个非常艰巨的任务，批量购买难度更大，要把大批量的军火秘密送到香港和广州，可谓是困难重重，吴玉章购买军火的过程也一直是险象环生。

　　在一个下雨天，吴玉章为了把所购的手枪子弹及时运送到别处去，就把两千发子弹用布带包裹好，全部捆绑在自己的两腋和腰部。他将布带从肩上绕过，把东西都捆扎牢固后，在最外面套上了一件日本的传统和服。好在吴玉章身材高挑瘦削，从外表上几乎看不出体形的异样和臃肿，但这两千发子弹，至少应该有七八十斤，负重行走极为不便。为了与身上的和服相匹配，吴玉章还要脚踩日式木屐，原本就身负重担的他走起路来更加困难。

　　不巧的是，吴玉章刚刚走出秘密住所，就遇上了一个警察。他故意和警察拉开一段距离，慢慢走在警察后面。当他艰难地走了半里路后，右面横街又走出来一个警察，跟在他后面。此时的吴玉章就夹在两名警察中间，他若是稍有惊慌走得慢了，就容易被警察发觉，走快了又怕随身携带的子弹太重，万一踩坏了脚下的木屐也会引起警察的注意。

他只能故作镇定地一直向前行走,大约走了一里后,他才趁势转到别的街道,甩开了两个警察。当他安全地到目的地,卸下子弹后,发现和服内的衣衫已经全部湿透,但他在精神上却格外轻松愉快,如同打了胜仗一样。

如何将军火安全运到香港和广州,是另一道难关。有一次,吴玉章利用以前建立的人脉关系,很快买到了手枪115支,子弹4000发。随后,他将这批军火全部交给周来苏,由他运往香港。

吴玉章在日本把运送军火的箱子伪装成了普通的行李,再护送押运军火的周来苏离开了日本。香港设立的无税口岸向来不检查旅客行李,但吴玉章刚回到住处,就接到了黄兴的电话,黄兴提醒他香港近日刚刚对美国总统号轮船查验了行李,而周来苏这次乘坐的轮船恰恰就是美国总统号。

吴玉章的心瞬间悬了起来,他接到这通电话时总统号轮船已经启航,他必须尽快想到办法,保住这批军火。根据以往的经验,头等舱旅客的行李一般不会被查看,吴玉章忽然想到总统号轮船会在神户停靠几个小时,他便立即派王希闵赶赴神户,把周来苏的船票换成了头等舱的票。

但吴玉章的补救措施还是没能让周来苏安心。周来苏在船驶过日本北九州市的门司区时,突然害怕起来,他在万分焦虑的状态下竟把所有的枪弹都丢进了海中。最后,船到香港时,根本没有遇到任何检查。

香港同仁听说周来苏顺利"过关"无不欢欣雀跃,结果见到周来苏时,却发现他两手空空。众人听到他把枪弹全部丢弃入海的事,心情立马一落千丈,感到极其懊丧和恼怒,由此还给周来苏取了一个外号,叫"周丢海"。当时的日本是严禁私人购买和贩运军火的,这次运送计划的失败导致吴玉章购买军火的任务更重了。

为了把军火顺利从香港运往广州，吴玉章等人想出了各种各样的招数。他们曾专门在香港和广州开了一个头发公司，通过运头发来藏运军火。为了在广州城内安全运送军火，他们还曾把女同志打扮成新娘，利用花轿来抬军火。

1911年4月27日午后5时半，总指挥黄兴亲率一百多名敢死队队员直攻两广总督衙门，发动了中国同盟会的第十次武装起义——广州起义。

敢死队攻入总督署后发现总督张鸣岐早已逃走，起义军焚毁总督署后，在东辕门外和前来镇压起义的北洋军展开了一场激战。起义军浴血搏杀，战斗到了第二天，但这次起义最终因为敌众我寡而宣告失败，黄兴负伤撤回香港，喻培伦、林觉民等革命志士壮烈牺牲。

5月3日，中国同盟会会员潘达微先生不顾清朝当局禁令，以《平民日报》记者的身份组织了一百多人，把散落并已腐烂的烈士遗骨收殓，将烈士们安葬在广州郊外的红花岗，并将红花岗改名为黄花岗。长眠于此的爱国义士被人们称为"黄花岗七十二烈士"，这次起义被称为"黄花岗起义"。

起义失败后，大家找不到吴玉章本人，就开始风传吴玉章已经牺牲的消息。由此，吴玉章险些被认定为广州起义的烈士之一。民国后建起的七十二烈士墓的碑记上写着吴玉章为"当日未死同志"。

从香港到广州每天只有早晚两班轮船，能搭早班轮船的人数极其有限。因此，吴玉章等人在香港接到起义的电报信息后，派出了一部分先锋在27日搭乘早轮先到广州，吴玉章和胡汉民等人只能搭晚轮出发。他们原本急电黄兴，想把起义延缓一日，结果电讯到达黄兴手中时，广州起义已经爆发。

吴玉章等人乘坐的船临近广州时，他们在远处就听到了枪声。当海军士兵上船检查时，吴玉章才从一位军人口中得知城内革命党造反，已经和北洋军打起来了。吴玉章故意高声附和，让大家有所警惕。

他们下船之后，立即赶到城外的一个名为"但公馆"的起义机关。此时，各处的枪声已经停止，他们一边派人去了解情况，一边搜寻武器和制造炸弹的材料，准备马上采取行动，支援起义。结果出去打探的人很快带回了一个沉重的消息，起义失败，官兵正在四处抓人。无奈之下，吴玉章等人只得返回香港。

然而香港也不是安全之地，吴玉章一行人很快匆匆乘船去了日本，吴玉章在晚年时写下一首诗，凭吊黄花岗起义七十二烈士：

飘摇清室遇狂风，革命潮流汇广东。

七十二贤成烈士，至今凭吊有吴翁。

广州起义虽然失败了，但它激励了无数革命志士继续斗争。同盟会员的革命暴动虽然被清廷血腥镇压下去，但四川人民的保路风潮正声势浩大，形成了一股强有力的反抗力量。

1911年5月，清政府皇族内阁颁布了"铁路干线国有"政策，将已归商办的粤汉、川汉铁路收归"国有"，在18日任命端方为督办粤汉川汉铁路大臣，让他去强行接收四省的铁路公司，并在20日与英、法、德、美四国银行团签订《湖广铁路借款合同》，向帝国主义拍卖铁路权利。

清政府出卖筑路权的行径激起了湖南、湖北、广东和四川各界人民的反对。四川人民发起的斗争尤为激烈，立宪派绅商首先发起保路行动，组织保路同志会，持有租股的农民争相入会，参加保路行动的人多达数十万人。在清政府强行接收宜万段（宜宾至万县）铁路后，百姓们群情激奋，抗粮抗捐，发起了暴动。

川督赵尔丰奉清廷"切实弹压"令，以武力镇压请愿群众，展开了血腥屠杀，制造了死伤数百人的"成都血案"。清廷饬令解散各地保路同志会，扩大镇压，激起了各地民愤，保路运动由此发展为反清革命。

中国同盟会成员龙鸣剑、王天杰等人号召保路同志乘机起义，各路义军开始攻打成都，但成都久攻不下，起义军便转而分攻各州县，义军的行动很快发展为全川范围的武装起义。

就在铁路风潮席卷四川、广东、湖南、湖北等地之时，吴玉章看到了革命运动的新趋势，便立刻回国，受命入川主持四川同盟会，加入战斗。

此时，四川的铁路风潮已经非常激烈。吴玉章从上海到宜昌的路上，所见所闻都是人们对清政府的不满和对革命的极大热情，他到宜昌后又看到川汉铁路的职工正在为保路而进行斗争。8月底，吴玉章从宜昌回四川老家时，路过了重庆的永川，他看见满街都挂着黄布，到处都扎起"皇位台"。台上供着光绪帝的牌位，两旁写着一副对联，一边是"铁路准归商办"，一边是"庶政公诸舆论"，这是从光绪帝的"上谕"里摘出来的两句话，用作争路的根据。这一切都和皇帝死了办的"皇会"一样。

吴玉章在回忆录里评论道："这种情形，乍看起来觉得非常可笑，但仔细一想，确是一种很高明的斗争方法。它既适合于当时人民群众的觉悟程度，又剥夺了统治阶级任何反对的借口。"

9月6日，吴玉章到达荣县贡井盐场，共进会的重要成员何其义向他汇报了打算利用贡井学校化学药品制造炸弹，准备响应武装起义的情况。吴玉章在贡井住了一晚，第二天一早，就匆匆赶往双石桥蔡家堰，回到了阔别八年之久的家。

吴玉章和大哥、二哥为革命长年奔波在外，他的妻子游丙莲和大嫂、二嫂三个女人撑起了整个吴家，这些年来，她们操持家务，极为辛劳。吴玉章的儿子此时已经11岁，女儿13岁，他们对父亲的印象极少，对眼前的吴玉章感到非常陌生。吴玉章心中酸楚，满是愧疚，他把儿子和女儿抱在怀里，询问着他们的生活和学业，吴玉章此时纵有千言万语，也无法将这八年欠下的父爱补上。

吴玉章曾写信叮嘱妻子千万不能给女儿缠脚，他还特意查看了女儿穿着布鞋的脚，看到女儿活泼自如的"大脚"后，心里便踏实了。他感激妻子的开明，也感谢妻子照顾好了一双儿女，感谢她支撑着这个家，让他可以专心致志地投身革命。

9月10日，吴玉章与家人短暂团聚后，又匆匆离家，前往荣县城中，继续他的革命征程。他在荣县城南门外正巧遇见了龙鸣剑和王天杰率领的一千多人的起义队伍，这支队伍即将赶赴成都作战。

就在吴玉章回家与妻小团聚的这一天，四川总督赵尔丰制造了"成都血案"，并封锁了全城。颇有武功底子的龙鸣剑当晚从戒备森严的城墙上跃下，顺利逃走。随后，他与朱国琛、曹笃一起找来了数百块木板，在木板上写下"赵尔丰先捕蒲罗，后剿四川，各地同志会速起自救自保"等字句，他们将这些木板全部投入锦江，以此来传递消息。后来，人们称这个办法为"水电报"。

龙鸣剑发完"水电报"后就马上赶回荣县，参加了王天杰等人发动的起义。龙鸣剑和王天杰很快组织成立了一支武装队伍，打算带着这支队伍去攻打成都。两人率队出发时，正好碰见吴玉章。

龙鸣剑见吴玉章回来了，高兴地说："你回来就好了。同志会由蒲、罗等立宪党人领导，做不出什么好事。我们必须组织同志军，领导人民起来斗争，才有出路。我马上要到前线去，一切大计望你细心筹划吧！"

龙鸣剑和王天杰率领起义军离开荣县后，吴玉章就承担起了后方的全部责任。不久之后，吴玉章被荣县的大地主张子和请去吃饭，这顿饭却让他吃得格外"激动"。

吃饭时，有人诬蔑龙鸣剑和王天杰是"土匪"，"劫去了八百两银子"。吴玉章对张子和说："龙鸣剑和王天杰领着同志军去打赵尔丰，是替我们大家争铁路、争人格，他们是为国争权、为民除害，做的是正大光明的事情，怎么能说他们是土匪呢？"

吴玉章的一席话让张子和与在座的士绅们哑口无言，他继续说道："既然同志军到前线去是为我们打仗，我们在后方就应该积极支援。我建议全县按租捐款，替同志军筹军饷。"众人虽不情愿，但也没人敢站出来反对。

吴玉章离开张子和家之后，立即召集各方人士前来开会，他最终以按租捐款的办法，解决了同志军的粮饷问题。有了经费后，他更加抓紧了训练各乡民团的事宜，并请来新军的同盟会成员方朝珍等人教练军事，开办短期军事训练班，准备不断壮大队伍，支援前线。很快，军事训练班和各乡民团纷纷组织起来，被革命精神武装起来的队伍一批一批奔赴前线。

起义同志军在成都郊外与清军激战了数次，取得了一些胜利，但损失也非常之大。在行军途中，龙鸣剑积劳成疾，他的病情受战事影响持续恶化，最终难以救治。龙鸣剑在宜宾乡下不幸病逝，王天杰因此感到势单力孤，便于9月下旬率领部队回到了荣县。

清朝政府的荣县知县与郭慎之等土豪劣绅一听到起义军回县的

吴玉章（前排右三）与军政府成员合影

消息，就全部带上金银财宝连夜逃走了。王天杰回县后，立即找吴玉章商议办法。推翻清王朝，建立共和国是同盟会的宗旨，吴玉章果断提出应立即宣布独立，自理县政！

9月25日，吴玉章、王天杰在荣县军政府中，召开各界大会。吴玉章在会上激昂地说："我们在斗争时假如累了，这时候就需要一张板凳。根据地和政权就是我们现在最需要的那张板凳。当下最重要的就是要立即宣布荣县独立，建立我们自己的政权，这样才能不断出征，不断地取得胜利！"

吴玉章正式宣布荣县独立，由此成立了中国第一个脱离清王朝统治的县级政权——荣县军政府。在荣县的影响下，四川各州县纷纷效法，推翻清政府、实现独立的浪潮迅速席卷全川。

起义军曾经占领过彭山、眉州、青神等十数州县，但这些领地很快得而复失，革命政权没有得到巩固。吴玉章认为他们虽然暂时在荣县站住了脚，但小小一县的革命政权，也难以独立存在，他们必须向外发展。于是，他们首先去攻威远，很快就顺利攻下了，继续进攻四川的税收重镇自流井时，遭遇了大队巡防军的抵抗，两军相持不下。

就在此时，吴玉章从各种风传中得知了湖北革命党造反的消息，有一个姓黎的人当了湖北革命军政府的都督。由于吴玉章等人被敌人严密封锁，他们对外边的情况一无所知，更不知道就在10月10日这一天，湖北武汉的武昌发起了一场武装暴动。

时任四川总督的端方

就在吴玉章率领的起义军猛攻四川的自流井时，清政府被迫派出四川总督端方率领驻武汉的新军第八镇的主力前来镇压。随后，武汉兵力空虚，同盟会乘机起事，具有划时代意义的武昌起义就此爆发，推翻中国两千年封建统治的辛亥革命正式拉开了序幕。

孙中山后来评价道："若没有四川保路同志会的起义，武昌革命或许要推迟一年半载的。"辛亥革命的首义在武昌，而导火索就是吴玉章等人领导的四川起义。

端方率领鄂军浩浩荡荡地杀入四川，准备镇压吴玉章在自流井的起事。但他的队伍还没到达成都，武昌起义就爆发了。端方被吓破了胆，只派了一支队伍去自流井援救被民军围困的巡防军，他所带领的大部队到了内江和威远交界的地方就停下了，不敢贸然前进。

吴玉章此时对整个局势并不了解，只见敌方的巡防军越来越多，端方还将派兵前来支援，为了应对即将出现的不利局面，他连夜赶去内江搬救兵。

吴玉章很快和内江的革命党人接上了头，巧的是，还遇上了端方的队伍。吴玉章与革命党人经过一番秘密商议，决定分头行动。革命党人到四川资州杀了端方，吴玉章等人在内江发动了起义。

内江的知县听到了端方被杀的消息，很快就逃走了。内江军政府成立后，吴玉章被推举为行政部部长。

就在辛亥革命起义军掌控武汉三镇后，湖北军政府成立，武昌军政的混成协统黎元洪被赶鸭子上架，成了湖北都督。随着武昌起义的爆发，全国人民的革命热情空前高涨，各省的新军和会党纷纷发动起义。到了11月下旬，全国24个省区，就有15个省宣布独立。1912年1月1日，中华民国成立，孙中山就任中华民国临时大总统。

1月下旬，吴玉章来到了国民政府所在地南京，他感到格外激动，眼前的革命成果可以告慰那些为革命牺牲的战友们，他为之奋斗多年的革命愿望终于实现了。

在辛亥革命的枪炮声中，被关押了一年多的汪精卫在1911年11月6日被保释出狱，重获了自由。到了1912年2月，汪精卫筹组了华侨联合会，革命战友吴玉章积极支持，成为联合会的名誉赞助员，继续和汪精卫携手共事。

临时政府的内务部次长居正和秘书长田桐见吴玉章还没有官职，就对他说："你来晚了一步，若早来点，怎么也有个次长当的。现在部长、次长都安置完了，内务部的司长、局长或是参事，你随便选一个吧！"

吴玉章直接回应道："我们革命不是为了做官，你们且不谈这些吧。"

随后，他们给吴玉章送来一张疆理局（即管土地的部门）局长的委任状，吴玉章立马将其退了回去，他们又换了一张政府参事的委任状，吴玉章无心政事，再次将任命退了回去。

孙中山知道吴玉章到了南京，立即派人把他请到了总统府。吴玉章来到孙中山办公室后，孙中山从椅子上起身相迎，并紧紧握住吴玉章的手说："你来得好，现在正要收拾残局，很需要你的帮忙。"

孙中山邀请吴玉章担任他的秘书，而当时南北和议已成定局，只要和议成功，总统府秘书处就会取消，这个职务早晚会变成冷门。吴玉章却欣然接受，开始在秘书处工作。

中华民国成立后，北方政府首先提出"清帝退位后，能否举袁为大总统"，孙中山于1912年1月14日复电"清帝退位，共和既定，袁有大功，必为大总统"。

2月12日，清帝正式发布退位诏书，清朝灭亡，在中国延续了两千多年的封建帝制自此终结，中国从此开启了民主共和的新局面。3月10日，袁世凯将中华民国国民政府迁往北京，接替孙中山在北京就任中华民国临时大总统。

袁世凯刚刚上台时，很想拉拢吴玉章，打算任命他为四川宣慰使。吴玉章对外回应："四川是我们的家乡，对于家乡的父老何能用这种名义？而且我在南京临时政府秘书处的时候，即已和大家有约，此后绝不任什么官职。"

袁世凯只好依照吴玉章的意愿，不给他任何官职名义，只让他和朱芾煌一同前往四川慰问，并帮助朱芾煌促成四川的统一。吴玉章当时并未想到袁世凯在利用他帮助资望不够的朱芾煌，他一心只想为四川人民做些事，便同意了。

吴玉章在6月份回到四川后，有人问他："从都督和全城官员郊迎十里来看，你们好像是钦差大臣。但从你们轻车简从，到处亲切地和老百姓谈话、讲演来看，你们又像是传道师。你们到底是什么官？"

吴玉章说："我们不是官，是革命者。我们要劝老百姓剪辫子，不吃鸦片，不赌钱，不缠足，要读书识字，要办学校，要到外国留学。"

吴玉章到了四川以后，并没有完全按照袁世凯的指令来做事，他常常反其道而行之，替革命党人说话和做事。袁世凯逐渐认清吴玉章不是自己人，不放心让他留在四川，8月就把他调回了北京。

辛亥革命虽然推翻了清王朝，从政治上结束了几千年的封建专制，但中国半殖民地半封建社会的性质并没有改变，帝国主义和封建主义两座大山依旧压在中国人民的头上。革命的基本任务并未完成，革命实际上是失败的。袁世凯窃取总统之位后，很快就暴露出他作为帝国主义和封建势力代理人的真面目。

1913年3月20日，国民党领导人宋教仁遇刺身亡。4月13日，吴玉章在上海出席了国民党人为宋教仁办的追悼大会，他在会上发表了强调政治革命的演说，指出："宋先生之被害，实为击触吾民起向

吴玉章致信时任云南都督的唐继尧，指出袁世凯叛国

政治革命之精神之机会。吾人最宜注意政治革命之痛苦，比种族革命更难。他日平民政治、政党内阁主义，非急起以继不可。"

此时，孙中山自日本回到上海，对宋教仁遇害一事非常气愤，他肯定这是袁世凯所为，号召国民党起兵讨伐袁世凯，发动了"二次革命"。

7月中旬，在江西省湖口县发动了讨袁起义，"二次革命"开始。在孙中山的领导下，南京、上海、江西、安徽、广东、四川等地的国民党军队纷纷兴兵反袁。国民党由于缺乏明确纲领，以致内部涣散，在袁军的大举进攻下，陷于被动应战。后来，各省相继取消独立，不到两个月，江西、江苏等地的国民党军队均被袁军击溃，"二次革命"失败，孙中山、黄兴等人流亡海外，革命再次进入低谷时期。

袁世凯没有放过吴玉章，他公然指出吴玉章是四川第五师师长熊克武在重庆发起反袁起义的策动人，对吴玉章下达了通缉令。吴玉章在国内无处容身，只好逃往法国。

11月14日，吴玉章乘日本轮船离开上海，他在船上度过了新年的元旦，而这艘轮船上所挂的万国旗中依然没有中国的国旗！吴玉章非常气愤，他鼓动全船的中国同胞与船长据理力争。但最终，他除了让船长道歉，无力改变任何结果。10年前，也是在新年庆祝元旦之际，吴玉章和同学们为了在成城学校挂上中国国旗与校方极力抗争。谁知10年后，他又遭遇了同样的情境，国家在世界上仍然毫无地位。

对革命矢志不移的吴玉章在此时感到十分痛苦和茫然，他在回忆录中写下了当时的心境："在辛亥革命以前，我们曾经抱着一个美丽的幻想，以为革命后的中国一定是一个民主、独立、统一、富强的国家。但是现实嘲弄了我们，中国人民所碰到的不是民主，而是袁世凯的专制独裁；不是独立，而是帝国主义的侵略和欺凌、蚕食和鲸吞；不是统一、富强，而是军阀们的争权夺利、鱼肉人民。"

吴玉章不禁开始怀疑，十年来舍生忘死地从事革命工作，不仅没能改变国弱民困的现状，自己还成了流亡海外的逃犯，这条革命之路该如何继续？真正的救国之道又在何方？

第五章

领航法国留学热潮

1914年1月，吴玉章来到法国巴黎，与朱芾煌的3个弟弟还有川籍学生何鲁等人合住在一个私家公寓里。远在海外的吴玉章时刻关注着中国的局势发展，他没有在这年春季入学深造，而是痴心盼着革命的火焰会再一次迅速燃起，一个让他回国战斗的机会可以再次出现。

然而半年过去了，国内一点革命的迹象都没有。袁世凯在1913年强迫国会选举他为正式大总统，1914年便解散了国民党和国会，随后，他又废除《中华民国临时约法》，颁布了《中华民国约法》，北洋军阀的政权越发稳固。吴玉章一时归国无望，决心先用心读书，他在1903年初到日本时，选的是电气工程这门学科，他在回国从事革命活动时，深感"所学非所用"，于是1914年的秋天，他进入了巴黎法科大学，选择研读政治经济学。

在法期间，吴玉章除了学习新知识以外，花了大量时间和精力与蔡元培、汪精卫、李石曾等人一起推动留法勤工俭学的活动，培养中国急需的革命和建设人才。其实早在逃亡法国之前，吴玉章就已经开始了鼓励中国青年赴法留学的工作。

1912年2月，李石曾、吴稚晖、吴玉章等9人发起成立了留法俭学会。留法俭学会提出留法的目的是：输世界文明于国内，造成新社会的新国民。其宗旨是：以节俭费用，为推广留学之方法；以劳动朴素，养成勤洁之性质。吴玉章则更为明确地提出："留法俭学会之设，即欲为国人作求学之津梁也。"

俭学会于同年4月在北京设立了留法预备学校，好让学生们先学习几个月的法语，再赴法留学。预备学校由吴玉章等人负责筹办和主持，时任教育总长的蔡元培给予了很大支持，他拨出顺天高等学堂旧址作为留法预备学校的校舍。学校开设法文、中文、算学和应用学识（如公共卫生、泰西风俗等）4门课程，学制为6个月，还聘请了法国人铎尔孟担任法文教授，法国驻中国大使馆医官贝熙业也常常到校义务教学。学费视学生人数而定，每月5至6元不等，外加膳食费5元，学生完成学业后接受考核，合格者即可留法。

由于学习时间总共只有几个月，学员想在这么短的时间内掌握法语是不可能的，但可以打下一个较好的语言基础。掌握法语也不是教学的唯一目的，学校还要让学员逐步养成勤俭节约的习惯，并能尽快适应法国的生活习俗，为此"校中同学皆轮流值日，自操工作，除庖工以外，别无佣工"。学生平时在校吃西餐，以此习惯法国的饮食。俭学会招收的第一批俭学生有20名，其中包含2名女生，成为中国最早的男女合班上课的学校之一。

6月，吴玉章、朱芾煌、沈与白、黄复生等人还发起成立了四川留法俭学会，他们仿照北京的做法，在成都少城济川公学里开设留法预备学校，学习内容与北京预备学校略同。

根据法国学者王枫初（Nora Wang）的研究，自甲午海战后的10年间，日本是最重要的留学目的地，赴日留学者多达2.5万人。1908年，美国开始将"庚子赔款"用于中国的教育，中国赴美留学的学生数量显著增加。一战前能到欧洲留学的人凤毛麟角，当时的留欧学生要么家境殷实，要么有公费支撑，但公派留欧的名额少之又少，留学生都需要经过严格选拔，才能留学欧洲。这次留法热潮的兴起，大大降低了中国学生留欧的门槛。

1912年12月,第一批留法预备学校的学生从北京出发,取道西伯利亚赴法留学。到第二年6月,又有数十人赴法留学。一时间,北京、上海和四川等国内的许多地方都建立了留法勤工俭学预备学校。青年学子奔赴欧洲,被大家赞为"远征探险队",留法勤工俭学运动成了我国留学史上一场空前的盛举,接受世界先进思想的热潮在中国风雷激荡。

俭学会虽然让学生的留学成本降低了不少,但仍不能让一些家庭困难的青年实现留学愿望,勤工俭学会便应运而生。

提倡素食、热心公益的世家弟子李石曾在巴黎创立了豆腐公司,他从河北高阳招募了一些同乡人来法国工作,这些员工多半是工农出身,文化程度较低。李石曾就设立了"以工兼学"的制度,帮助他们在工作之余学习普通文化知识。

蔡元培辞去了中华民国教育总长的职位,于1913年10月携家眷一起来到了巴黎,最初与李石曾同住在市郊科隆布镇的中华印字局里。1914年,吴玉章来了法国,他和蔡元培等人一起参观了李石曾的豆腐公司,还考察了法国地狭泊人造丝厂的"以工兼学"模式,一致认为这种模式值得推广。

随后,蔡元培发表了《勤工俭学传·序》,他在文中提到:"俭学会者,专持以俭求学之主义者也。而其中有并匮于俭学之资者,乃兼工以济学。其与豆腐公司诸君,虽有偏重于学,及偏重于工之殊,而其为工学兼营则一也。"

1915年6月,李石曾、蔡元培、吴玉章等人以"勤于作工,俭以求学"为宗旨,发起成立了勤工俭学会。勤工俭学会是在俭学会的基础上发展起来的,但它又与俭学会有所不同。俭学会,让学生专以俭学的目的而留法,而勤工俭学则是把"勤于工作,俭以求学"两者结合起来。俭学生的留学费用由家庭父母供给,而勤工俭学生则靠自己的劳动赚取留学费用,不用家里的钱而达到留学的目的。这样,勤工俭学会就为更多家庭不富裕的有志青年开辟了一条留学法国的道路。

自1914年第一次世界大战爆发后,整个欧洲都浸染在血泊中,世界资本主义制度的危机已暴露无遗,社会主义思潮随之风起云涌,各种各样的社会主义思想流派盛行一时。

吴玉章到法国后,许多人都在议论各种社会主义理论。早在日本时,他就曾读过幸德秋水所著的《社会主义神髓》,当时的他大概因为已经接受了资本主义革命思想,并正在全力为之奋斗,对于社会主义理论著作只当成一般的社科图书来浏览,并没有给予过多重视,也没有进行深入思考。后来,吴玉章亲身经历了为之奋斗十余年的资产阶级革命惨遭失败,无比迷茫、痛苦和愤慨的他开始寻找新的革命道路,也开始带着心中疑问再读社会主义学说。

社会主义思想中所描绘的人人平等、消灭贫富差距的远大理想让他感到亲切,他在回忆录中写道:"使我联想起孙中山先生倡导的三民主义和中国古代世界大同的学说。所有这些东西,在我脑子里交织成一幅未来社会的美丽远景。这个远景虽然是美丽的,但是如何能够实现它?我们当前应该做些什么?我仍旧是茫然的。"

吴玉章在法国接触并研究了各种社会主义的流派,经过一番比较,他觉得马克思提出的人人平等、消灭贫富等社会主义思想是一个伟大的理想,认为马克思的社会主义才是科学的社会主义。

第一次世界大战持续了多年,战争造成了法国劳动力的严重短缺,法国由此开始招募大批华工。1916年3月,蔡元培、李石曾、巴黎大学历史教授法国人欧乐等中法两国教育界人士为开展华工教育,发起成立了华法教育会，蔡元培任中国会长，欧乐任法国会长，李石曾任中方书记，吴玉章担任中方会计。

吴玉章当年在日本为同盟会的革命事业购买军火时，就曾当过会计，做过后勤，他一心为公，从不贪占别人一分一毫的利益，有时候还会为公事倒贴自己的钱。吴玉章在任何地方都能把手里的钱袋子捂得紧紧的，因而组织对他总是一百个放心。

华法教育会的宗旨，亦如吴玉章所说："目的在沟通中法两国文化，尤在便利国内许多无力出国求学青年，以半工半读方式到法国留学，故发展留法勤工俭学会，实为该会主要的工作。当时为第一次欧洲大战期间，法国招去许多华工，故加紧华工教育，保障华工利益，也是该会一重要工作。"

在吴玉章和蔡元培等人积极推动华法教育会的同时，袁世凯政府也和法国订立了关于招募华工的条约，向法国输送大量劳动力，但袁世凯政府的招工条约对中国工人非常不利，经手人梁士诒只顾从中捞钱，根本不顾工人的利益。

吴玉章和蔡元培等人一同出面为中国工人争取权益，他们费了很大周折，最终让法国同意改订条约，中国工人获得了与法国工人同工同酬等一些权利，然而更多的权利还待争取。

1916年，中国的局势发生了巨变，袁世凯阴谋复辟的"洪宪帝制"在讨伐声中轰然倒台，袁世凯本人也一命呜呼，黎元洪继任总统，共和体制在形式上得到了恢复。国内政权更迭，吴玉章等人的通缉令也随之失效，当时流亡海外的革命党人陆续回国。蔡元培被北洋政府聘为北京大学校长，他约吴玉章同行回国，两人便于这年10月一起离法归国。

1917年2月，吴玉章为了继续争取华工利益，来到了北京。他将华工新约的草案提交给了北京政府,但他很快发现中国的政治局势还和从前一样。袁世凯死后,北洋军阀贪污腐败的风气依旧,他们分化为直、皖、奉三大派系,展开了争权夺利的斗争。吴玉章把华工新约送到外交部,足足等了4个月都没收到批复信息。

有一天,一个陌生人找到吴玉章,并问他:"听说你带回一个招募华工赴法的条约,批准了没有?"

吴玉章回答:"还没有批准。"接着,他详细解释了这个条约比前一个条约要好得多。

这位来访者是北京政府外交部的一位科长派来的,他提醒吴玉章:"你没有在北京住过吗?你是学生吗?真是迂夫子!这里的事,非钱不行。如果有钱,再坏的条约也能批准。如果没有钱,再好的条约也批不准。你这种事至少可以赚几百万,你就是拿一二百万出来也不算什么?"

吴玉章说:"我们就是为了反对赚工人的血汗钱,才辛辛苦苦争回了一些权利。我们没有钱,不但不愿拿钱去运动,就是人家拿钱来运动我也不行!"两人说着说着竟大吵起来。

来访者临走时还对吴玉章说:"你执拗得很,让你看看吧!"

吴玉章十分恼怒,他继续尝试各种方式来实现华工新约,可惜终究没有结果,他在艰难交涉条约的事情时,还在推进他的第二个任务。

1917年年初,留法俭学会恢复成立,北京留法预备学校恢复招生。为了国内许多无力出国求学的青年以半工半读方式到法国留学,同时加紧华工教育,吴玉章等人于2月在北京成立了华法教育会和留法勤工俭学会。

随后,华法教育会的分会在直隶、山东、上海、湖南、四川、福建、广东、陕西、重庆等省市纷纷成立,除了开展宣传活动,其重要工作便是成立各个留法预备学校。

5月27日,北京留法预备学校在民国大学里开学,吴玉章在开学典礼上发表了演讲,他首先阐述了组织华法教育会的四点目的:"一曰'扩张国民教育',二曰'输入世界文明',三曰'阐扬先儒哲理',四曰'发达国民经济'。"

"何谓扩张国民教育?我国甲午以前,留学外国者绝少,即壬寅、癸卯时代,于日本亦不过二三百人。其时爱国者盛倡自费留学,遍设招待机关,无何而留学日本者,数达二万以上,风气遂开,学说大变,而革命思潮遂滂沛而不可遏。……今革命成功矣,革命事业非仅破坏已也,势必有极良之建设,而后革命之目的为得达。……同人甚愿吾国青年目光注于全世界,勇猛精进,必穷究世界学术之精微,由自主的择一自信者而力行之,而后为不虚生于此二十世纪,留法俭学会之设,即欲为国人作求学之津梁也。"

"何谓'输入世界文明'?吾国新学之勃兴殆四十年,而编译有名之著作仅寥寥数卷,且转译日文者居多,或为陈腐之说,或属一家之言。……本会有编译社之组织,其办法分二部:一则编译世界名著,介绍世界新书,条分缕析,使人洞悉世界学术思想变迁之大势;一则发行一大杂志,将世界新事实及时详载,使国人得察人文社会进化之趋向。"

"何谓'阐扬先儒哲理'?……吾人拟择吾国先儒学术之精华,译为西文,以表彰我国之文明,俾中西学术之英精融成一片,以促世界之进化。"

"何谓'发达国民经济'?我国今日穷困极矣。然据经济学家言,'有土地,有人民,国绝不患贫'。而我国地广人众,何竟至此?……

吴玉章拟定的四川《留法勤工俭学会及预备学校简章》

此后吾人当谋直接输出我国出产于世界市场，与各国为经济之竞争，庶几可救贫困于万一。又自欧战以来，各国广招华工，如能因势利导，不但国民之生计得以一舒，且可培植一般实业人才。本会对于招工合同之改良，华工教育之组织，特为注意，以图国民经济势力之发展。"

吴玉章在最后强调："民国成立以来，学风稍靡，似以为目的已达，更无须奋勉者。而不知环观世界，吾民国之幼稚无异婴儿之在襁褓，而风云飘摇，又有大厦将倾之象，诚不可不痛自刻责，发奋为雄，以争生存于世界者也。"

吴玉章等人掀起的留法勤工俭学热潮吸引了身份、职业、年龄、学历各不相同的青年和社会各界人士。青年学生为留学队伍的主体，普通中学生、肄业生人数最多，有少数小学生，也有一批大学生，其中包括因抗议签订中日密约而罢课归国的留日学生，也有在五四运动中因参与爱国运动而被学校除名的上海高校学生，还有数量可观的各

各地留法勤工俭学学生合影

省工业、农业、商业等专门学校与师范学校的在校生和毕业生。从职业上看，有普通中小学的校长、教员、职员，有新闻记者、银行雇员、店员、医务工作人员，还有少数下级军官和机关职员，其中年龄最大者50多岁。

1918年夏，正在成都留法预备学校念书的青年陈毅，被吴玉章等人在开学典礼上的讲演所吸引，开始思索更多的问题。他常去成都昌福馆里一家销售新文化新思潮书刊的"华洋书报流通处"看书。他因家贫辍学后就投考了吴玉章等人创办的四川留法勤工俭学预备学校，并在留法期间吸收了各种新思想、新理念，走上了一条全新的人生道路。

在赴法勤工俭学的学生中，出现了一家数口共同留学、师生同行等有趣的现象，被传为一时佳话。湖南的传奇母亲葛健豪，时年54岁，她偕子女蔡和森、蔡畅同船西渡，赴法留学。湖南的萧瑜、萧三，安徽的陈延年、陈乔年，四川的陈炎、陈毅，黎纯一、黎重夫，他们均为同胞兄弟，均成了留法的同学。已任校长的徐特立及其学生，也在巴黎相会。吴玉章的儿子吴震寰，吴虞的女儿吴若膺，也先后赴法勤工俭学。从1919年初到1920年，中国赴法学生达1700余人，其中女青年就有40人，四川的学生达511人。加上1918年前吴玉章等人组织的留法学生，截至1921年的留法学生人数共计1900余人。

在吴玉章等掀起的留法勤工俭学运动中，大量留法学生为中国革命和建设事业作出了突出贡献，在救国图强的路上，涌现出了周恩来、邓小平、陈毅、蔡和森、赵世炎、陈乔年、陈延年、王若飞、李富春、蔡畅等一大批中共革命和建设时期的领导人。

这段留学法国的峥嵘岁月成为他们人生的新起点，也是他们走向革命之路的重要环节。中国共产党的创始人之一赵世炎就曾在方家胡同留法预备学校学习，他是吴玉章最得意的学生之一，也是吴玉章后来加入中国共产党的引路人。

从1912年到1920年，吴玉章的工作重心很大一部分都放在了推动留法勤工俭学的事业上。从1917年至1920年，吴玉章在北京、上海、成都等地的留法勤工俭学相关活动中多次发表演说，鼓励青年们走出国门，积极了解包括社会主义在内的各种西方新思潮。

辛亥革命失败后，中国内外部政治条件十分恶劣，吴玉章等人在没有任何收入的条件下，凭借拳拳的爱国之心，以个人的顽强毅力，在中国大地上掀起了浩大的留法勤工俭学运动。对吴玉章个人而言，组织留法勤工俭学运动是他探索救国道路的重要组成部分。留法勤工俭学运动也为推动中国革命的转型注入了一股强大的力量。

第六章 成都高师的新教育探路

1919年，五四运动开启了中国新民主主义革命的序幕，激发了新旧文化的剧烈碰撞，掀起了全国的思想解放巨浪。1920年，中国南方诸省掀起了"联省自治"的风潮，各省纷纷提出由本省人制定省宪法，选举省长，管理本省事务。四川的一些地方实力派也在倡导"自治"，吴玉章受邀来到四川，领导开展这里的"自治"运动。

吴玉章利用"自治"的名义来教育群众抵制北洋军阀，宣传马克思主义思想和社会主义理论。军阀们不敢明目张胆地反对吴玉章的"自治"运动，就想尽办法暗中阻挠。最后，吴玉章解散了全川自治联合会，并总结了经验教训："四川'自治运动'本身，并无成效可言，但这个运动却使我有了一个面对广大人民讲话的机会，使我把新近体会到的一些想法得以倾吐于广大人民之前，而且得到了热烈的反响，这不能不说是一个重大的收获。而且通过'自治'的失败，使我又有了两个教训：第一是进一步体会到在军阀统治下毫无民主可言，要拯救中国，必须首先用武装的革命来推翻封建军阀统治。第二是自治联合会那种地域性的临时的组织极容易为敌人破坏，必须要有一个坚强的革命的战斗的组织来领导革命。"

1922年春，吴玉章开始在成都青年学生参加的多个活动中宣传革命理论，不久之后，一封特别的邀请函送到了他手里。这年夏天，成都高等师范学校校长因学生发起的教育经费独立运动被当局免职，川军总司令部便邀请吴玉章到成都高等师范学校担任校长。吴玉章义不容辞地接受了这个职务，由此开始了人生中第一次真真切切的教育实践。

成都高师是当时全国六大高等师范学校之一，这所学校在1918年时的专任教师和在校学生人数仅次于北京高师。成都高师不仅是四川的最高学府，也是西南各省培养中等学校师资的最高学府。然而，这所号称"四川最高学府"的学校在当时却充满了腐朽的气息，有些教师拖着辫子在讲堂上大讲桐城派古文、诸子百家和孔孟学说。学生中的一些少爷小姐不但乘人力车上学，甚至还有坐轿子到校的。

1922年9月，吴玉章正式赴任成都高师，他接手校务之后，以"崇尚学术，启用新派"的办学思想，在学校开始了一系列大刀阔斧的教育改革。

第一，对学部进行全面整改。高师原设国文、英语、数理、博物四部，现增设史地部、理化部。将国文部改为文史部，数理部改革为数理化部，且分设为数学部和理化部。整顿了文科，加强了理科。

同时，吴玉章主持完善课程体系，扩增自然科学门类和课时，制定由通识课、专业必修课和专业选修课以及任意选修课组成的新课程体系。取消了宣传封建道德的伦理课，把"哲学概论""教育学"列为理科必修课，国文部的"经学通论"课由原来每周的6—11学时压缩为每周2学时，文、理两部的学生必须文理兼修。吴玉章亲自为学生讲授"经济学"这门课程，他备课十分认真，还教导学生："你们将来一定要同经济、政治碰头的，不学经济，不知中国将来前途怎样走。"

第二，改革学制。吴玉章在学校推行"学年学分制"，学生在整个4年的学习过程中要修够学分才能毕业。规定上课1小时为1单位，实验、实习及作文2小时或3小时为1单位。预科1年内以修满

26个单位为及格，本科3年内修满60个单位且通过教育实习为及格。吴玉章还制定了"重新学习制"，当年考试不合格的学生可以重修课程，直到考试合格为止。学校根据学生的实际学习情况设立"弹性学制"，不固定学生的学习年限，学得好的同学可以提前毕业，学得差的同学可能会延迟毕业。体育课不及格的学生不得毕业。

第三，增强师资力量。学校开除了宋育仁、曾学传、龚煦春等"蜀学宿儒"，引进了学有专长、具备现代科学知识和新思想的中青年专家。同时，学校还聘请了英国人毕云汉、黎彰德，美国人缪尔、布利士、华琴声，法国人邓孟德等到校教授英语、法语和西洋史。学校的教师从1921年的52人增加到了81人。

四川大学校史馆馆长毕玉曾说："吴玉章担任校长之后，聘请了一些头脑里没有什么旧框框束缚的新人来做科主任，这对改善学校的办学思想也是起了积极的作用。我们的馆藏档案显示，在1923年12月，全校的教职工有72名，其中有32名教职工都是具有海外留学背

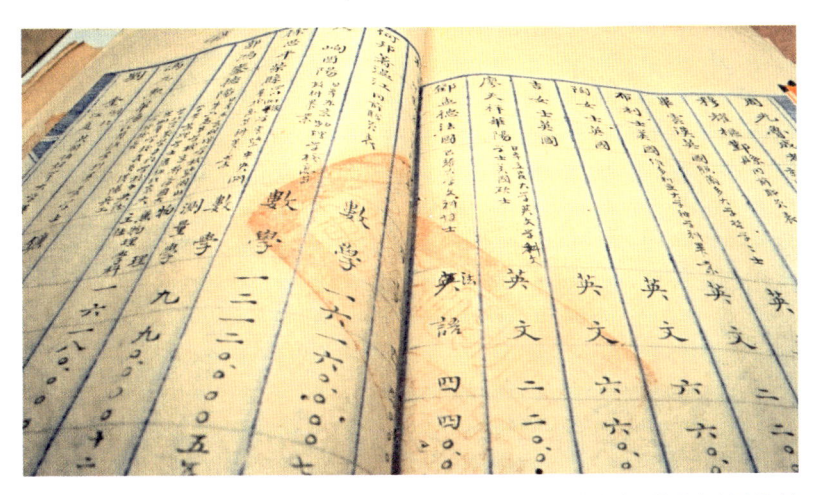

四川大学校史馆里的教师档案资料

景的，而且其中还有7名外教，可见吴玉章办学是采用了世界性的眼光，很注重启用一些新式人物来开展教育教学工作。"当年的学生姜亮夫回忆说："我们学生对这里的先生佩服极了。"

第四，吴玉章把一些教师从国外请进来了高师，也把学校的一些教师送出了国门。吴玉章长期留学海外，还担任过教育部欧美学务调查员，对国外教育的优劣十分了解。因此，他很重视国外的一些先进教学理念和教学方法。他刚上任不久，就派出了成都高师的教员邓胥功到美国留学。而在当时，派教员出国留学并发放半薪的行为，在成都高师乃至整个四川地区的高校中也是绝无仅有的。

吴玉章在《呈教育部为派员出洋留学以资深造事》中说："欧战告终，世界思潮的日新月异，科学进步大有一日千里之势，我国教育、我国教育人员势不能不急起直追，期与列强并而驰。派教员出洋留学一节，洵属目前急不可缓之图。"

此外，吴玉章还创办了教育考察团，组织高年级学生在毕业之前到国内外的一些教育发达地区去考察当地的学校，考察先进的办学模式和教学方法，比如重庆、武汉、南京、上海、北京、奉天以及朝鲜、日本等地。如今四川大学的校史馆里，仍然保留着教育考察团的一些路线和经费记录。

第五，改革教学方法。吴玉章提倡"自学辅导主义"，培养学生独立思考能力，明确规定"凡对于一学科之基本原理，由教师讲授其应用推理之外，概由学生自行研究或自行实习，总以养成自动的理解为原则"。

吴玉章非常注重学生实践能力的培养，规定学生每学期必须有5—7周去实习。他还组织学生到青城山、峨眉山去采集标本。吴玉章担任校长期间，成都高等师范学校的实验仪器设备共计增加了

1000多件，其中包含了物理学仪器设备以及生物学仪器设备。

吴玉章非常注重学生的全面发展，他鼓励学生按照自己的学科成立各种各样的学术社团，培养学生多方面的专长和兴趣。体育课除了传统的运动科目，还开设了拳击、足球、网球、田径等科目。

吴玉章鼓励学生"感触时代之思潮"，阅读进步书刊，他爱才更惜才，非常重视进步学生接受教育的机会。国学大师姜亮夫对当年报考成都高师的经历一直记忆犹新，姜亮夫是从云南昭通考过来的学生，当时和他一起过来参加复试的有三个学生，其中一个学生没有考上。当时吴玉章得知他们三人从遥远的昭通过来，走了一个月的路，非常艰辛，就特批这位落榜的学生留在成都高师旁听，如果他能在一学期后的考试中成绩合格，就允许他转正入学。

吴玉章在成都高师大力推广新学、新思想，广收优秀的生源，全面改革教育制度和教学方法，成都高师的学术风貌很快焕然一新。

五四运动之后，四川省的新文化运动逐渐活跃起来，许多外地的新书报纷纷传入当地的学校。成都高师的学生创办了《星期日》等刊物，宣传新文化、新思潮。吴玉章对马克思主义的理解日益加深，他通过写文章、演讲等方式宣传马克思主义，频繁参加一些革命活动。一时间，成都高等师范学校成为共产主义先进思想的传播阵地之一。

吴玉章利用同盟会老会员的身份，大力推进新思潮的传播，除了在校内做工作以外，他还利用个人与四川上层社会的历史关系，为革命同志作掩护。1922年10月，一名青年同志因宣传马克思主义被四川军阀抓捕入狱，吴玉章闻讯后心急如焚，立即想办法进行营救。这名青年同志就是后来担任黄埔军校政治总教官、中央委员和中共中央宣传部秘书长的恽代英。

恽代英曾于五四运动期间在武汉领导学生运动，传播马克思主义。1921年10月底，他应邀逆长江而上，到川南师范任教务主任，继而担任校长。他在学校全力推行教育改革、宣传马克思主义、培养革命青年，引起了当局的极大不满。军阀赖心辉竟以莫须有的罪名，于1922年10月15日将其拘捕。四川教育界为之震动，成、渝等地的各界人士纷纷极力声援，吴玉章当即致电赖心辉和泸州军政当局，保释恽代英，并极力邀请恽代英来成都高师任教。

恽代英

恽代英最终在11月8日获释，他"很感激四川持正论的一些先生"，并带领一批革命学生欣然赴蓉，来到了国立成都高等师范学校。恽代英受到校长吴玉章的热情接待，随后在学校为学生们教授必修课"教育学"。

恽代英博学多才，观点新颖，讲授的内容非常丰富，他来到成都高师的第一堂课就引起了一时的轰动。此后，他每次讲课时，教室里都座无虚席，有时教室的后面和过道都站满了旁听者。当年亲耳聆听恽代英教诲的校友肖崇素，曾经回忆这位声名远扬的师长："他说话目光炯炯，滔滔不绝，声音洪亮，诚挚动人。他头上光光的，戴着眼镜，穿着败了色的黑色学生服，脚上穿着黑色帆布鞋，非常简单朴素。"

恽代英除了以马克思主义观点诠释"教育学"课程，还利用业余时间向学生宣传马克思主义和阶级斗争的学说。他的办公桌上摆着李季翻译的《社会主义史》，那时他翻译的《阶级斗争》也已在上海出版了。恽代英只有深夜才有时间进行工作，他艰苦实干的奋斗精神给学生们很大鼓舞，肖崇素曾提到："他住在北门，到学校上课时，常常是步行到校，并常在皇城校门外卖'帽儿头饭'的长木桌上和苦力边吃边谈，吃的菜仅仅是在捣烂的青海椒里和上一撮盐。当时学校的教师，不是有名学者、留学生，就是前清经师、翰林、进士，很少这样吃饭的。当时真使我们几个同学非常感动。"

恽代英没有辜负吴玉章的期望，吴玉章曾这样评价他："在校任教将近一年，是最受学生欢迎的教师。他在国立成都高等师范学校期间，把马克思主义的宣传活动，推向一个更高的阶段。"

1923年，刘湘、杨森勾结吴佩孚进攻四川，于1924年1月攻占了成都，他们派人接收成都高师，吴玉章就此卸任校长一职，离开了这片耕耘了一年多的教育阵地。

吴玉章在1922年9月到1924年2月的执校过程中，崇尚学术，起用新派，充分实践前沿的、开放的办学理念，促进了人才的全面发展，培养了以杨尚昆、张秀熟、姜亮夫、邓胥功等为代表的一大批国家栋梁和各界精英，使得成都高师逐渐成为"大师作范，群士响风"的"西南一带传播革命种子的园地"。

著名教育家、清华大学原校长蒋南翔在1984年1月14日的《人民日报》上发文写道："可以说吴玉章同志早在20世纪20年代就开始按照无产阶级思想，根据中国革命的需要，探索改造旧教育，创建新教育的道路。"

吴玉章在回顾这段治校经历时总结道："我费了很大力气来办这个学校。经过一番整顿，学校面貌大大改观，师生员工团结得很紧密，树立了一种崭新的学风。同学们有秩序，有朝气，追求知识，孜孜不倦，议论政治，意气焕发，成都高师成了四川进步势力的大本营。"

成都高师自 1926 年分出一部分科系组成了国立成都大学，1927年 9 月，成都高师升格为国立成都师范大学。1927 年，成都原有的五所专门学校组合成立了公立四川大学。到了 1931 年 11 月 9 日，国立成都大学、国立成都师范大学、公立四川大学三校合并，由教育部定名为国立四川大学。

当年吴玉章在成都高师的教育实践已经成为四川大学教育传统中不可或缺的重要组成部分，被视为一笔极其珍贵的教学财富。2006 年，四川大学建立了玉章学院，以此纪念四川大学和国人世代不忘的千秋师表吴玉章。

百年巨匠
吴玉章 Wu Yuzhang

第七章 双重身份，一个信仰

在成都高等师范学校任职期间，吴玉章利用自己的身份和影响力，支持了很多进步学生的活动，他鼓励王佑木等人在校内开设了第一个宣传马克思主义的工人夜校，并鼓励学生深入工会和农会，去工人和农民群体中开展一些宣讲活动。

四川的一些军阀对吴玉章十分头痛，考虑到吴玉章和同盟会、国民党的历史关系，再加上广大群众的支持，这些反动派纵然对吴玉章极为不满，也无可奈何，只能暂且听之任之。当时的成都经常发生罢工事件，吴玉章的一个老朋友跟他开玩笑说："只要把吴玉章捉来杀了，罢工就不会发生了。"

在成都高师掌校的两年时间里，吴玉章从一位民主革命者成长为了一位共产主义者。当时的成都高师里已有社会主义青年团的组织，46岁的吴玉章无法加入其中，他随后便萌生了组织政党的想法。吴玉章在回忆录里写道："当宣传和组织工作开展到工人、农民中去以后，成立无产阶级政党的要求也就愈来愈迫切。"

1924年1月，成都娘娘庙街一片清冷，临街的一个寓所里却格外热闹。吴玉章和杨闇公等20多人经过数月的酝酿和筹备，终于在杨闇公的寓所里秘密成立了"中国青年共产党"。吴玉章组建的"中国青年共产党"以"团结劳动者为革命军"作为纲领，呼吁"各地的同阶级同宗旨的朋友们呀！赶快些团结起来合作。照着红的明灯，洒着红灼灼的热血，以求达到我们救国救世的最后目的"。

吴玉章（左一）和杨闇公（右一）等人的合影

中国青年共产党，对外称"中国YC团"，团里的成员刘弄潮曾解释，不公开称"党"，而称"团"，主要是为了缩小目标，避免引起军阀的注意。YC团因是秘密组织，就以"赤心评论社"的名义向政府申请立案，组织获批后，YC团筹备的机关刊物《赤心评论》正式问世。杨闇公把《赤心评论》称为中国青年共产党的化身。《赤心评论》因在国内外公开发行，在北上广等大都市和巴黎、东京都设有分售处，影响十分广泛。

当时杨闇公的弟弟杨尚昆还在成都高师附中学习，与哥哥住在一起，中国青年共产党的成员在杨闇公家里开会商量工作时也从不回避杨尚昆，在杨闇公和吴玉章等人的引导下，杨尚昆加入了马克思读书会和成都社会主义研究会，他读的第一本相关书籍就是《欧洲社会主义思想史》，这本书虽不是马克思主义的经典原著，但杨尚昆从书里知道了马克思、恩格斯的名字，第一次接触了马克思主义学说。在这些革命理论的指导下，杨尚昆对人生道路和国家命运都有了新认识和追求，他从高师附中毕业后，回到了重庆，在四哥杨闇公的影响和帮助下，开始参加革命工作。

中国青年共产党准备在五一劳动节组织纪念大会，结果有人在 4 月 29 日向成都军阀杨森告密，说"五一"纪念会是吴玉章的"阴谋"，吴玉章要在会上组织工人、农民和学生一起推翻杨森，夺取政权。

第二天，杨森就调集军队，控制了纪念会现场，扬言要捉拿吴玉章。吴玉章在朋友们的苦劝下，没有出席纪念会，他随后离开了成都，在月底回到了荣县老家。

《赤心评论》

吴玉章在家中待了 3 个月，外面的革命组织和革命运动正在飞速发展。突然有一天，吴玉章收到了杨闇公从重庆发来的信，杨闇公在信中谈到一个让他极为惊喜的组织——中国共产党。此时的吴玉章尚且不知中国共产党在两年前就已经成立了，就在他投身四川自治联合会的运动过程中，中国共产党已在上海秘密召开了第一次代表大会。革命形势一片大好，吴玉章便决定立即出川，一路北上。

1925 年 3 月 12 日，孙中山在北京病逝，他在临终前仍念念不忘革命事业，在遗嘱中说："余致力国民革命，凡四十年，其目的在求中国之自由平等，积四十年之经验，深知欲达到此目的，必须唤起民众，及联合世界上以平等待我之民族，共同奋斗！"他还在《致苏俄遗书》中，再次强调"以俄为师""联共""扶助农工"的三大政策。

吴玉章对孙中山的离世感到无比痛心，随后，他加入了孙中山治丧委员会，帮助料理治丧事宜。因治丧期间往来文件很多，孙中山行馆秘书处另外设置了治丧处秘书股。吴玉章和李大钊被安排在秘书股负责主稿任务，他也由此和李大钊相知日深，结下情谊。

1925年3月19日，孙中山的灵柩由北京协和医院移至中央公园社稷坛的拜殿，十几万民众护灵，吴玉章护柩抬衬，为右执绋。他在孙中山的灵堂，敬献挽联"为东亚造和平，拯斯于水火；与列宁相伯仲，亟世界之荣哀"。

赵世炎

孙中山治丧工作告一段落后，吴玉章在北京见到了赵世炎。赵世炎曾是留法勤工俭学的学生，此时的他是中国共产党北京地方执行委员会的负责人。赵世炎把中国共产党组织的情况向吴玉章作了详细汇报，吴玉章得知中国共产党与自己的志向不谋而合，便毅然决定取消中国青年共产党，马上申请加入中国共产党。

1925年4月，由赵世炎、童庸生和李国暄作为入党介绍人，入党申请经李大钊批准后，吴玉章便以个人身份正式加入了中国共产党。他在回忆录中感慨道："我入党时，已经四十七岁。我的前半生是在一条崎岖不平的道路上摸索前进的。从我少年时代起就为国家的忧患而痛苦，而焦虑，而奔走，企图在豺狼遍地的荒野中找出一条光明大道。但是找了将近三十年，经过失败，胜利，再失败，直到十月革命，马克思列宁主义传到中国以后，我才找到了真理，踏上了一条正确光明的革命大道。我所经历的途程是多么漫长，多么艰难啊！"

吴玉章在入党的当月就结束了中国青年共产党的工作，从此，他以秘密共产党员的身份开始革命活动，隐瞒了共产党身份的他积极参

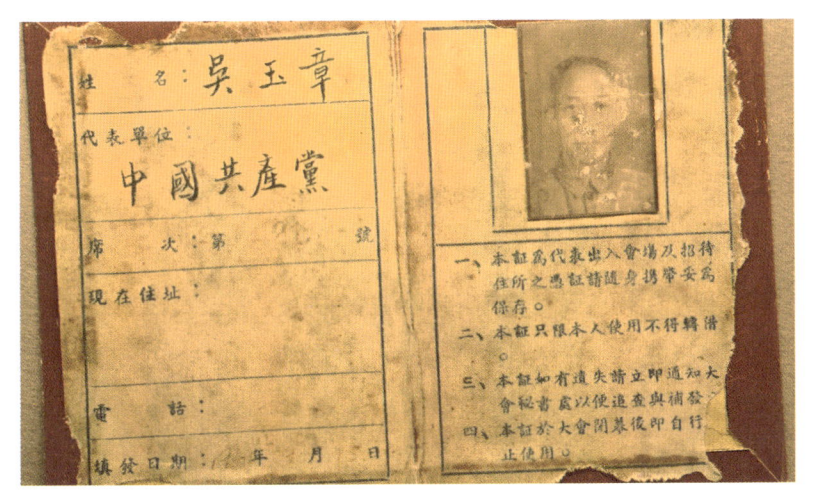

吴玉章使用过的证件

与到了国民党的诸多工作中，暗中为共产主义事业栉风沐雨，砥砺前行。

当时国共合作已有一年多的时间，国民党在广东已初步建立起一片根据地，而大军阀张作霖、孙传芳、吴佩孚等人都企图进攻国民党在广东的根据地。负隅东江的陈炯明、割据云南的唐继尧、统治湖南的赵恒惕等军阀也都对广州虎视眈眈。同时，国民党的中枢领导机构中，右派力量也不小。

吴玉章认为要做好统一战线工作，整顿和巩固国民党，发展左派的力量，应该从基层做起。他希望去四川做些基层工作，常和王若飞、恽代英、李立三等同志研究这个问题，他们赞成吴玉章的意见，并对吴玉章说："上海工人运动的高潮不久就会到来，全国性的高潮也会随之而来，应该抓紧时机，扩大革命的影响，吸收进步的工人和其他革命群众参加共产党和国民党以壮大左派的势力，一定要使统一战线工作紧紧地跟上工人运动的发展，用工农群众的革命积极性来健全国民党的组织。"

随后，吴玉章受党组织委派于 6 月底来到广州，先与国民党中央取得联系，随后再回四川。1925 年 7 月 1 日，国民政府在广州正式成立，汪精卫任主席，廖仲恺任财政部长，而蒋介石当时还只是一个黄埔军校校长兼任军事参谋长。

吴玉章于 8 月回到了重庆，他向重庆国民党负责人黄复生、朱之洪等人提出了整顿国民党内部的计划，并对他们说："从前国民党的声誉，虽然被一些政客所玷污，但自从中山先生主张国共合作、实行改组国民党以后，情形就不同了。今后正要我们好好地去整顿。只要我们目标远大，做法正确，群众自然就会拥护我们，国民党的威信也就能够树立起来。"

吴玉章计划先办一个学校，一方面可以集合和培养一批干部，另一方面可将学校作为宣传和组织活动的据点。

黄复生等人都说："你以为办学校是容易的事情吗？我们很久想办学校，都没有办成呢！"

吴玉章跟他们谈了很久，但他们始终对此表示怀疑，没有信心。吴玉章只好转而去找一些思想开明、敢想敢干的年轻人，他很快得到了杨闇公和杨伯楷（当时叫杨沟）、冉钧、张锡畴等人的支持。随后，这群志同道合的朋友就共同启动了这个看似不可能的计划，开始筹备办校。

吴玉章把廖仲恺给他的一千元钱全部作为办学校的经费，还把他私人在川江轮船公司的两张股票拿出来押当，当的两千块钱全部充作学校经费。

他们筹措经费的同时，在大溪沟选定了校址，并很快把一切筹备工作都办理妥当了。华法教育会曾计划在北京、上海、汉口、广州、重庆开办五个中法大学。因此，吴玉章就把这次新办起来的学校定名为"中法学校"，学校的大学部称为"中法大学"。

筹备好了学校，吴玉章就开始筹招生源，当时的江北中学、合川联合中学和重庆第二女子师范都因罢课事件开除了许多进步学生。吴玉章很快找到了这些学生，并把他们招收入学。随后，各地的进步学生都闻讯而来，这所中法学校一下子就招了200多个学生。9月4日，学校正式开学上课。

吴玉章筹办中法学校时，又着手整顿了国民党的组织。他在1921年组织四川自治运动时，就有意识地物色了一批干部，因而此时的整顿工作进行得十分顺利，许多重要县市的党部很快就成立起来了。

在不到两月的时间里，黄复生看到吴玉章不仅办好了学校，还整顿了组织，感到非常惊奇，他不时对别人说："吴玉章的手段真高明，好像有神仙帮助一样。"

1926年，国民党右派猖獗起来，蒋介石开始露出反动面目，并在3月20日制造了"中山舰事件"，他诬蔑中山舰舰长李之龙不服调遣，阴谋暴动，逮捕了李之龙和许多共产党员。到了5月，蒋介石制造了"党务整理案"，把党权、军权和政权全部抓在手里，并于该月发起了第一次北伐。

1927年4月12日，蒋介石在上海发动了惨绝人寰的反革命大屠杀，并于18日在南京建立了反革命政府，与汪精卫主持的武汉革命政府公然对峙。

4月下旬，共产党在武汉召开代表大会。会后不久，有人公开了国民党中央执行委员里几个秘密共产党员的身份，其中就有吴玉章。吴玉章对此十分恼怒，他当时是国民党中央常务委员和政治委员，一切重要文电都由他经管,共产党的身份暴露之后,他的行事开始变得麻烦起来。

7月14日,武汉国民党秘密召开了"分共会议",兼有国民党党籍的共产党员都受到了排斥,不得参加,吴玉章也被排挤在外。汪精卫坚持"分共",但他仍假惺惺地说:"分共以后,我们还可以跟共产党实行党外合作,我们仍继续反帝反蒋。"

7月15日早晨,吴玉章接到了党中央让他去武昌的通知,此时的吴玉章对汪精卫是极其失望的,这位曾经生死与共的革命战友如今站到了反革命的阵营,吴玉章曾经想要舍命营救的挚友如今走上了与他背道而驰的"分共"之路,他为汪精卫留下一封信,就离开了武汉。信中大意指出:"'分共'的决定是完全错误的,把革命中途断送了。"

当天傍晚,吴玉章在一阵倾盆大雨过后,渡江去了武昌。他在回忆录中记录下他乘船离开时的沮丧心情:"面对着郁郁的青山和浩浩的江水,一件又一件的往事在我脑子里翻滚。多少共产党员和工农群众出生入死,流血牺牲,才赢得了北伐战争的胜利。如今革命竟被断送了,胜利的果实被反动派夺去,作为建立新的统治的资本。这是多么沉痛的教训!我恨不得有这末一支大笔,可以蘸满长江之水,把这个教训题铭在青山之巅!"

吴玉章很快从武昌到了南昌,住在贺龙处,此时的部队已经在做起义的动员了。8月1日,共产党联合国民党左派发动了南昌起义,打响了武装反抗国民党反动派的第一枪。一个月后,湘赣边界爆发了秋收起义。

起义之后,共产党决定回师南下,夺取广州。然而,共产党在广东遭遇了一次损失惨重的军事失败,吴玉章在这次战役中被迫与队伍分散,辗转去了香港,不久后,他又被组织送去了上海。

蒋介石和汪精卫纷纷背叛了革命，发起了一系列"清共"行动和反苏行动。随着局势不断恶化，党组织考虑到认识吴玉章的人太多，为了保障他的安全，决定让他离开国内，去苏联学习。

吴玉章与刘伯承、自己的侄子吴鸣和等人同住，他们一起在上海等候出国的船。组织提醒吴玉章，不要随便外出。当时吴玉章的儿子吴震寰正好从法国留学归来，大哥吴永得此时也滞留在上海，吴玉章为了遵守组织纪律，没有与近在咫尺的儿子父子团聚，也打消了与大哥见面的念头，只在住处安心待命。

11月初，党组织通知吴玉章等人晚上将有苏联的商船来接他们。夜幕降临后，吴玉章、刘伯承、吴鸣和一行人按时赶到了海边的约定地点，但过了预定时间，船还是没来。军人习性的刘伯承没了耐心，执意要回住处，吴玉章反复劝说也没有用。结果刘伯承走后不久，苏联商船就到了。同行的人纷纷上了船，吴玉章心里还惦记着刘伯承，他极力请求商船稍作等候，随后快步跑回去寻人，吴玉章在往回赶路时正好碰上了返回海边的刘伯承。原来刘伯承冷静下来之后，觉得应该听从吴玉章的意见，耐心等待，于是他又折返回去。两个革命战友经历了一段照见真情的小插曲，最终成功搭上了"安迪吉号"苏联商船，赶赴苏联。

百年巨匠 Century Masters 吴玉章 Wu Yuzhang

第八章 海外救国征途

1927年12月初，吴玉章等人到达了苏联的莫斯科，刘伯承和吴鸣和进入苏联高级步兵学校学习，吴玉章则被安排进了莫斯科中山大学。中山大学是第一次国共合作的产物，是共产国际和联共（布）为了帮助中国培养革命青年而设立的一所高等学校。学校的学制为两年，主要有俄语、中国革命史、苏联革命史、哲学、政治经济学、列宁主义、军事等课程。因教授和教员里精通汉语的人很少，这些课程都配备了中文翻译。

与吴玉章同在苏联的张报，曾在《吴玉章同志在苏联与法国》这篇文章里写道："当他初到莫斯科的时候，可以说连一个俄文字母也不认识。但是，既然身在列宁的故乡，学习俄语不只是势所必然，也是理所当然的了。因此，吴老下决心从零开始，要把俄语学好。当然，吴老当时已年过半百，口齿已不如年轻人那样灵活了，加上他四川乡音很重，也是讲好俄语的障碍。然而，吴老并没被困难所吓倒。"

吴玉章曾说："马克思也是五十岁以后才开始苦学俄语，还取得优异的成绩；自己虽然不敢与马克思相比，但是相信，只要有决心和信心，总会有所收获的。"

吴玉章在一位俄语教师的指导下，刻苦学习俄语，他还向学校的中国翻译和学员们多番请教，利用各种场合练习俄语。很快，他便掌握了俄语的精髓，在语言上有了巨大进步。

当时，莫斯科除中山大学以外，还有一所专为亚洲各国培养革命干部的东方劳动者共产主义大学。吴玉章刚到莫斯科，就被中山大学和东方大学请去讲课，这两所学校的学员很想知道1924年到1927年的中国都发生了哪些大事。吴玉章带病去学校主讲中国的大革命和南昌起义，称之为"八一革命"。吴玉章讲完课后还想再将提纲整理成一份书面材料，向中共中央和共产国际汇报。但他到莫斯科后不久就病倒了，手术之后又被送去休养院疗养，"八一革命"的研究就被暂时搁置了。

吴玉章在养病期间，仍然发奋学习，阅读了斯大林的《论列宁主义的几个问题》和列宁的《国家与革命》《共产主义运动中的"左派"幼稚病》《进一步，退两步》《社会民主党在民主革命中的两种策略》等著述。

吴玉章结合自己对中国大革命的理解，最终写出了总共8章11万字的《八一革命》报告。1928年5月30日，吴玉章将书稿送给了中山大学和东方大学的同志，同时呈交给了共产国际执行委员会，还有正在筹备中的中共六大。这份报告详细分析了南昌起义的起因、经过和失败的原因，总结了这次起义的经验教训。

他在报告中表达了他的信念和信心："革命有了健全的党，就有了真实的力量，有已成熟的客观环境，有数千百万的工农革命群众，有邻近无产阶级专政的国家和世界无产阶级及被压迫民族的帮助。以共产国际、列宁主义的策略来指导，加以波尔塞维克的精神来努力奋斗，成功之期，就在目前了。"

因蒋介石和汪精卫先后背叛了革命，国民党于1927年7月宣布与中山大学断绝一切关系，并撤回了国民党派去的学生，此后，中山大学开始秘密接收共产党派送的学员，专给共产党培养革命政治骨干。

1930年夏，吴玉章结束了两年的学业，毕业后的他被组织安排到了伯力共产主义大学中国部做主任，一学期过后，他又被调去海参崴党校做教员。

为了研究中国革命问题，宣传中国革命，吴玉章、林伯渠、杨松等人向学校提议成立中国问题研究室，搜集所有关于中国问题的图书资料，对中国革命进行研究和交流。他们还申请了外汇，向国内订购中文报刊，定期举行报告会、座谈会。

1933年6月，吴玉章被调回莫斯科，他先被分配去莫斯科列宁学院中国部预备班，担任政治常识和经济地理课程的教员，随后，他又去了东方大学担任中国部主任，开始从事中国历史的教学工作。吴玉章有深厚的历史学功底，他满怀热情地投入到这份工作当中。

吴玉章在东方大学任职期间，深受学员的爱戴和敬仰，一些学员曾回忆："身为部主任的吴玉章同志也是秉着'教学相长'的态度和学员们相处无间，不搞特殊化，不摆架子，不住单独院而住在集体宿舍，和学员们朝夕共处，打成一片。每日三餐，他都和大家一起在食堂按序排队，同桌共膳，边吃边谈，从中了解学员们的学习、生活、思想、健康等情况与问题，并随之采取解决和改进的办法。结果，中国部办得很有成绩。吴老这样坚持深入群众、不搞特殊化、与学员同甘共苦的作风，实在是难能可贵，对我们今天仍然有重大的教育意义。"

吴玉章用了近五年的时间反复修改《中国历史教程》，终于在1935年编成了这部著作，1936年，他又接受学校国际教育处的安排，编写了教学提纲《中国历史大纲》。

吴玉章通过《中国历史教程》和《中国历史大纲》两部著作，较为全面地论述了中国历史的发展演变、重大事件和重要学说。他遵循马克思主义的观点方法，避免历史学变为社会学，从中国历史实际出发,大量引用和分析史料,完成了这两本书,他也由此成为中国最早运用唯物史观研究中国历史的马克思主义史学家之一。

吴玉章在《中国历史教程》里对中国近代史较早地作出了科学的界定,他提出:"中国近代史就是从鸦片战争到现在约一百年的历史。""要了解中国最近百年来社会历史发展的情形,首先,就要了解中国社会经济的变迁。要了解中国社会经济的变迁,必须要与帝国主义侵略中国的问题密切联系起来看。"

他从中国的母系氏族社会开始讲起,讲到历代王朝的兴衰更迭,讲到鸦片战争后的近代史。他在近代史的结尾处写道:"猛兽般的帝国主义实行束缚中国的政策时,总是说中国不能自行发展自己的经济。它们力图证明中国不能独自复兴。……帝国主义统治中国是通过中国的封建地主阶级来实现的,因此中国人民的革命必须是反对帝国主义、反对封建主义的民族民主革命。研究中国近代史的人必须深刻地认识到这一点,因为这是研究中国近代史的关键。"

他在《中国历史大纲》的绪论中写道:"历史是革命斗争的有力工具。我们应该知道人类真正的历史,知道劳动者被奴役和解放的历史,应该知道我们从哪里来和往哪里去。因为,这能百倍地坚强我们奋斗的信心和给我们以获得胜利必需条件的知识。"

德国、意大利和日本三个法西斯轴心国企图发动世界大战,重新瓜分世界,日本率先在1931年对中国发动了"九一八"侵华战争。随着日本侵华战争的升级,中国逐渐结成了全民抗日的统一战线。

1935年7月,吴玉章参加讨论由王明执笔的《为抗日救国告全体同胞书》(即《八一宣言》)草稿。会后,吴玉章等七人组成了一个委员会对草稿进行修改。10月1日,这篇影响巨大的《八一宣言》刊登在了巴黎出版的中文《救国报》第十期上:"我国家,我民族,已处在千钧一发的生死关头。抗日则生，不抗日则死，抗日救国，已成为每个同胞的神圣天职！"

1937年7月7日，日本在北平制造了"卢沟桥事变"，发动了全面侵华战争。吴玉章到欧洲各国进行了四个多月的抗日反法西斯的国际宣传。《新华日报》一位记者评论道："抗战以来，吴先生在欧洲各国努力作国际宣传。""他始终坚定地站在革命的立场，不屈不挠地继续为中国的自由解放而斗争。"

吴玉章在1935年从莫斯科秘密前往法国巴黎，开始主持《救国报》的工作。但当他到达巴黎时，《救国报》已被法国政府强制停刊。吴玉章将报纸改名为《救国时报》，最终让这份报刊在这年12月9日重新面世。就在报刊重新发行的这一天，国内正巧爆发了反对日本帝国主义侵略华北的"一二·九"爱国运动。当时正在清华大学读书的蒋南翔奋笔疾书，写下了"华北之大，已安放不得一张平静的书桌了"。

《救国时报》在国民日益高涨的抗日运动中发挥着积极的作用，创刊时的发行量仅有5000份，不到一年的时间就增至2万多份，国内的发行量就有1万多份。

当时德政府加强了对华侨的监视和压制，党组织担心吴玉章会被通缉和逮捕，在1936年7月就把他调回了莫斯科。吴玉章总结《救国时报》时说："（它）是我党在国外从事抗日宣传的机关报。它从1935年12月9日创刊到1938年2月10日终刊，历时2年余，共出版了152期。它的主要任务是宣传我党的抗日民族统一战线政策。从创刊号起，就明确地指出，在民族危机空前严重的条件下，中国的唯一出路，就是全民族一致对外，建立全民救国的联合战线。"

1938年3月中旬，吴玉章完成了在西欧的宣传活动，从法国启程回国，结束了长年漂泊国外的革命生活。

4月，吴玉章回到了离开十余年的祖国。此时的中国笼罩在战火的阴云之下，大半国土已经沦陷。此时的吴玉章已是花甲之龄，却斗志依旧，他在接受《新华日报》记者采访时说："我在国外多年，这次回到在对日抗战中的祖国来，心中觉得无限的愉快。我虽远在海外，但从国外的报纸和各方面的消息知道国内的各党派抗日救国团结，已日趋巩固与扩大，全国人民对抗战有了更坚强的信心。……至于我个人，愿意以我全部的力量贡献给全国同胞，为民族的解放，为国家独立的战争，而奋斗到最后一滴血。"

百年巨匠
Century Masters
吴玉章 Wu Yuzhang

第九章
延安鲁艺的艺术抗战

第九章 延安鲁艺的艺术抗战

战火的硝烟笼罩着山河破碎的中国，中共中央发出了组成抗日民族统一战线的号召，初步形成了国共合作的新局面。中国工农红军经过两万五千里长征，终于在陕北胜利会师，中共中央在陕甘宁边区的首府延安创建了革命根据地，延安由此成为抗日活动的政治中心，更是爱国民主人士、进步青年向往的革命圣地。当时，全国各地的进步青年为了抗日，冒着生命危险冲破了国民党的层层封锁，奔赴延安。

南京、武汉失守后，重庆成为新的陪都。1939年1月，中共中央南方局在重庆成立，周恩来任书记，吴玉章为13名委员之一。7月下旬，吴玉章去了延安。征尘未洗，他就收到了一份委任书，中央任命他担任延安的鲁迅艺术学院院长。

当时的延安汇集了许多文艺干部和文艺青年，仅在1938年5月至8月期间，经八路军驻西安办事处赴延安的知识青年就有2000多人。延安在1937年先后开办了培养军事干部和政治干部的中国人民抗日军政大学和陕北公学，但还没有专门的艺术学校。

毛泽东曾在1936年的中国文艺协会上提出："现在我们不但要武的，我们也要文的了。……我们要文武两方面都来。要从文的方面去说服那些不愿意停止内战者，从文的方面去宣传教育全国民众团结抗日。"

1938年2月，毛泽东与周恩来、林伯渠等人作为发起人，联名发布了沙可夫起草的《鲁迅艺术学院创立缘起》：

艺术——戏剧、音乐、美术、文学是宣传、鼓动与组织群众最有力的武器。艺术工作者——这是对于目前抗战不可缺少的力量。因之，培养抗战的艺术工作干部在目前也是不容稍缓的工作。

……因此，我们决定创立这艺术学院，并且以已故的中国最大的文豪鲁迅先生为名，这不仅是为了纪念我们这位伟大的导师，并且表示我们要向着他所开辟的道路大踏步前进。

鲁艺的校址选在了延安旧城北门外西侧的一个半山坡上，这里原来有上下两排二十余孔土窑洞。师生员工们又自己动手，盖起了十多间简陋的平房，在西侧山腰又挖出了两排土窑洞。1938年4月10日，鲁迅艺术学院在延安的窑洞中诞生了。

鲁迅艺术学院在创办之初仅设了戏剧、音乐、美术三个系，招收了学员六十多人，沙可夫担任副院长，而院长的职位空缺了一年多。1939年11月28日，这所培养抗战文艺干部和文艺工作者的学校终于等来了第一任院长吴玉章。

正、副院长作为学校的最高行政领导，负责召集教材编审委员会、院务委员会、晚会委员会工作，下设了秘书处、总务处、教务处、训育处和实验剧团等职能部门，领导戏剧系、音乐系、美术系、文学系和研究班等二级机构。

吴玉章上任时，鲁迅艺术学院已于当年8月初从北门外迁校到了东郊城外的桥儿沟。桥儿沟原有一座欧式风格的教堂，教堂旁边有五十二孔石窑洞。鲁迅艺术学院就把窑洞作为办公室和校舍，把教堂作为学院的大礼堂。

此后，吴玉章开始在延安最高文艺学府开展教育工作，全力培养一支有马列主义立场、为人民服务的新型文艺队伍。在院长吴玉章和副院长周扬的管理主持下，鲁迅艺术学院迎来了它的"黄金时代"。

吴玉章广泛征求了大家对学院的各方面意见，在了解完鲁艺的基本情况后，他决定先调整领导班子，充实领导力量，同时调整各职能部门，健全教学组织。

1940年1月1日，鲁迅艺术学院发布了艺字第一号通告，宣布了调整与充实行政机构的一系列决定，学院取消了专修部名义，正式成立教务处，张庚任处长；宋侃夫任政治处处长兼总支书记；周扬兼任研究部主任，设干事一人，办理日常事务。

身兼数职、公务繁多的吴玉章住在杨家岭的中共中央所在地，他的住所距离桥儿沟鲁迅艺术文学院二十多公里，他经常带着久病初愈的身体，骑着毛驴或乘坐马车从杨家岭到桥儿沟的鲁迅艺术文学院来工作。

吴玉章虽然繁忙，但对鲁艺的每一个学员都非常关心。他每次到了鲁艺之后，不是先找院部领导研究工作，也不是忙于各种会议，而是深入学生和老师的教室、宿舍，还有伙房，了解学生生活和老师的教学情况。

吴玉章在鲁艺的第一个新年，观看了鲁艺和抗大等单位联合公演的话剧《日出》。演出结束后，吴玉章颇有感触，他认为

吴玉章在鲁艺讲课

鲁艺应该自己创作话剧，通过生动且深刻的文艺作品，对师生们进行革命思想教育。

随后，吴玉章把《日出》的主创、知名女剧作家颜一烟还有其他同志都请了过来，进行创作交流。吴玉章称赞《日出》的演出非常成功，也对不足的地方提出了改进意见。他认为在当前抗战的艰苦时期，广大妇女积极投入战斗，他们应该把中国第一个女革命家秋瑾烈士的故事搬上舞台，激励世人。他希望颜一烟来撰写剧本，他来提供故事素材，协助创作。

《日出》的演出告一段落后，吴玉章特意把颜一烟从桥儿沟的鲁艺接到他所在的杨家岭住下，他每天总会抽一些时间与颜一烟交流创作，向她讲述秋瑾烈士的革命事迹。

秋瑾比吴玉章年长三岁，她祖籍浙江，出生在福建，在9岁那年亲见了中法海战的战火，心中极为痛恨外国侵略者，爱国救国的种子早在年幼时期就深埋在了心底。就在同一年，秋瑾一家迁回了浙江绍兴。她自幼好学，饱读诗书，娴于辞令，在给侄辈的书信中说："但凡爱国之心，人不可不有；若不知本国文字、历史，即不能生爱国之心也。"

秋瑾性格豪爽，喜辩谈，善饮酒，爱舞剑，她在20岁时顺从父母之命嫁给了曾国藩的管账人之子王廷钧，开始了一段不幸的婚姻。28岁时，秋瑾坚定地冲破了封建思想和家庭的束缚，她变卖首饰，用自费的方式东渡日本求学，而当时正在日本留学的吴玉章只比秋瑾早来了一年。

秋瑾在日本结识了黄兴、宋教仁等多位革命先驱，先后加入了光复会以及吴玉章所在的同盟会，成为一名民主主义革命战士。1905年，日本发布了针对清朝留日学生的"取缔规则"，中国留学生掀起了退学回国的热潮，当时的吴玉章正在全力争取中国留学生的合法权益，而秋瑾则愤然选择了回国。

回国后的秋瑾于1906年在同乡蔡元培等人的支持下创办了中国公学，并在1907年创办了我国第一份宣传民主革命的妇女报刊——《中国女报》。这年7月，秋瑾在绍兴组织大通学堂，准备武装起义，大通学堂亦是当时浙江革命的大本营。7月6日，安庆起义失败，几日后，清兵包围大通学堂，秋瑾不幸被捕。最后，秋瑾于7月15日在绍兴轩亭口英勇就义，年仅33岁。

颜一烟在回忆创作《秋瑾》的经历时说："（吴老）几乎是每天询问我写作的进展情况。我写一场，他老人家听一场，逐字逐句帮助斟酌修改。"

吴玉章常叫人给颜一烟送纸送笔，有时还会送去一些吃的东西。有天晚上，颜一烟正在熬夜写剧本，忽然一个小鬼头推门进来，在她桌子上放了一个洋铁做的小盆，盆里有一个馒头、一块肉。

颜一烟十分惊喜，她已经3个月没闻到肉味了，拿起肉就吃了起来，边吃边说："咦！这是什么肉？骨头怎么这么细？猪骨头怎么细得像针似的？"

小鬼头哈哈大笑，说道："人家从延河里捉来送给吴老的，吴老叫慰问你，这不是猪肉，是鱼。哈哈哈！"

颜一烟在延安的7年时间里，这是她第一次吃鱼，也是唯一的一次。在吴玉章的关怀和支持下，颜一烟顺利地完成了话剧《秋瑾》的剧本初稿，故事内容为1907年秋瑾就义前的一段史迹。随后，这部话剧组建了阵容强大的导演和演员班底，很快进入了排练阶段。

这出话剧由翟强导演，夏革菲饰秋瑾，张昕、邓寿雨饰秋瑾女友吴芝瑛和夏振国，丁洪饰王金发，吴雪、陈戈饰满清官员福贵和李宗岳。

1940年3月8日,《秋瑾》在国际劳动妇女节这一天首演并大获成功,刚从重庆返回延安的邓颖超对话剧给予了极高评价。吴玉章评价秋瑾:"文而不弱,勇而有谋,有革命精神,有社会经验,嫉恶如仇,至死不屈,是民族的英雄,是女子的模范!"

6月9日,鲁艺举行了建院两周年纪念大会,毛泽东、朱德、任弼时、张闻天等中央领导同志和茅盾夫妇、康克清等各界知名人士应邀出席了纪念会。

不久之前,鲁迅艺术学院改名为"鲁迅艺术文学院"。毛泽东主席在纪念会之前受吴玉章之邀为鲁迅艺术文学院重新题写了校名,美术系把它制作成了校牌。毛泽东主席还为学院题写了校训"紧张、严肃、刻苦、虚心",美术系将这八字校训放大后刻在了迎门的墙壁上。

毛泽东主席在纪念会上提到了艺术在革命中的重要意义,谈到了鲁艺在两年中的进步,还指出了文化统一战线在抗战中的重要性,为了建立中国的新文化,必须向各方面学习,向老百姓学习。

朱德总司令在会上强调:"在前方我们拿枪杆子的打得很热闹,你们拿笔杆子的打得虽然热闹,但是不够。这里我希望前方后方的枪杆子和笔杆子能亲密地联合起来。"

茅盾在演讲中说道:"希望我们真能够继承鲁迅先生的勇敢不屈的精神,努力于创作和批评,以巩固中国新民主主义文化的文艺堡垒。"

鲁艺成立两年以来,已经培养了400多名毕业生,教职员在报刊上发表的作品已有上千篇。为了继续加固这座文艺堡垒,吴玉章和副院长周扬等人对原有的教育计划做了进一步调整和完善,新的教学计划于1940年7月中旬,在第四期新学员开学时开始执行。

新的教育方针为"团结与培养文学艺术的专门人才,以致力于新民主主义的文艺事业",教学目的也改为"培养适应于抗战建国需要的文学理论、创作、组织人才,使其具备社会历史知识与艺术理论之相当修养,并有基础巩固的某种技术(即艺术)专长",同时提出"学院的教育精神为学术自由,各学派学者均可在学院自由讲学并进行各种艺术活动"。原来的短期学制延长为三年,第一年打基础,第二年和第三年进行专门人才培养。此后,鲁艺进入了趋向正规化和专门化教育的新阶段。

为了适应抗战新形势的发展,培养适合当下需求的专业技术人才,吴玉章继续推进鲁艺的教育改革和人才培养工作。他增调了文学系助教和毕业同学12人去充实刚从前方归来的文艺工作团。随后,他又决定成立鲁艺美术工作团和音乐工作团。为了避免政工与教育脱节,吴玉章提议将政治处撤销,成立干部处,这一提议很快得到了领导班子的同意。

鲁艺逐渐打造出了一支高水准的教师队伍,文学系有周扬、周立波、何其芳等人,戏剧系有张庚、田芳等人,音乐系有冼星海等人。鲁艺还邀请了各学派专家前来讲学,聘请茅盾为文学系开设专题课程,讲授"中国市民文学概论"。为了提高师生们的政治素养,鲁艺除了开展日常政治必修课以外,还邀请朱德等党中央领导来校演讲。

1941年春,鲁艺院务会议作出决定,将进行全面检查和总结第三年的工作。在长达一个多月的大检查中,副院长周扬提出了"正规化"的任务。到了6月,学院建立了正规学制,成立了文学部、戏剧部、音乐部、美术部四部,周扬、张庚、冼星海、江丰分别担任四部的部长,原有的四个系和五个工作团分属在四部之下。由此,鲁艺进一步加强了正规化、专门化教育。

从左至右为张庚、冼星海、江丰、何其芳、周立波

鲁艺在 6 月招收的第五届新学员共计 160 人，其中，戏剧、音乐、文学、美术四部各招收学员 40 人。这批新学员刚入校时，正逢苏德战争爆发，6 月 22 日，鲁艺各部立即准备援苏事宜，进行反法西斯宣传。

7 月，鲁艺戏剧部、音乐部组建的宣传队出发去了安塞、桃庄等地，进行援苏反法西斯宣传，除了准备好的节目之外，宣传队为了满足群众需要，还演出了《傻子打游击》《希特勒末路》《工人之家》《活捉鬼子兵》等话剧，受到了当地群众的热烈欢迎。这次宣传长达 20 多天，宣传队到了 8 月中旬才返回学校。

为了提高全党的马列主义水平，统一领导干部思想，增强党的凝聚力和战斗力，延安在 1941 年 5 月开始了一场学习马克思列宁主义的整风运动，整风运动的第一阶段就是整顿学风，这阵风很快刮到了鲁艺。

1942 年 4 月 22 日，《解放日报》刊出了鲁艺的整风运动消息，报道了鲁艺正在学习的 20 多个整风文件。5 月，中共中央分别在 2 日、16 日、23 日在延安杨家岭召集文艺工作者举行了 3 次座谈会，史称"延安文艺座谈会"。80 多位延安文艺界人士参加会议，其中包含了鲁艺的负责人以及教师 30 多人。

5 月 30 日，毛泽东主席来到鲁艺，他在为全院师生员工讲话时指出："只在'小鲁艺'学习还不够，要到'大鲁艺'去，到工农兵群众的火热斗争生活中去学习。把屁股移到工农兵这方面，才能成为真正的文艺工作者，这样文艺创作才有源泉，才会受到广大群众欢迎。"

孙铮在《延安鲁艺学习生活片断》一文中回忆起了她在鲁艺上学时感受到的风气："自从整风、大生产运动和毛主席《在延安文艺座谈会上的讲话》发表之后，鲁艺已起了一个深刻的变化。这时在鲁艺，虽也听到钢琴、小提琴的声音，但更多是锣鼓、板胡、三弦的演奏。在桥儿沟山谷中回响的不仅是《黄河大合唱》，更多的是'信天游''眉户''道情'和夹杂其中的纺车织布机的声音，以及打夯种地的'秧歌号子'。"

为了进一步贯彻毛主席的指示精神，同时加强政治思想工作，鲁艺从这年 7 月起，在教务处下增设了政治教育科和政治理论研究室，全院的公共课内容定为中国革命史与现状研究、革命人生观与思想方法之修养。

除了课堂教学之外，鲁艺还安排学生进行了大量的课外实习，组织学员下厂、下乡、下部队，到各机关、团体和学校去担任指导，例如指导排练剧目、教歌曲或组织晚会。学校还规定学生三个月必须下乡宣传一次，学生们在宣传过程中，还能收集一些民间材料，作为创作的素材。另外，学校还会定期组织公演，这些演出也成为学生们难得的实习机会。

鲁艺几年来为国家培养输送了一大批优秀文艺干部,仅从第一届到第五届培养的正规学员就有 700 人左右,如果加上各种短训班、轮训班及各分校、分院的学员,鲁艺为党培养输送的各类文艺干部数以万计。1939 年 8 月至 1942 年,在吴玉章担任鲁艺院长的这段时间里,仅鲁艺院本部师生下厂、下乡、下部队体验生活后创作的剧本就有 20 个,文学系在延安各种报刊杂志上发表的作品就有 220 篇,其中,通讯报道 119 篇,小说 51 篇,散文 50 篇。

1943 年 3 月,鲁迅艺术文学院并入延安大学,成为延安大学下属的一个学院,院名仍叫鲁迅艺术文学院,校址仍在桥儿沟,已经担任延安大学校长的吴玉章继续兼任鲁迅艺术文学院院长。鲁艺这所包含了文学、戏剧、音乐、美术等各种文艺专业的学院,是中国共产党一手创办并领导的文艺学院,这不仅在中国共产党的历史上没有过,在中国的文艺教育史上也是一个创举。

鲁艺培养出来的文艺队伍长期活跃在各个解放区和前后方的各个部队中,他们为抗日战争和解放战争的胜利做出了重大的贡献。一些离休后的"鲁艺人"谈起在鲁艺学习和工作的日子时,常常怀念起曾经爱护、关怀过他们的老院长 —— 吴玉章。

吴玉章终日忙于工作,连六十岁生日都是在国民参政会上度过的,完全没有像样的庆祝。中共中央在 1940 年 1 月为吴玉章补办了六十寿辰的庆祝活动。

鲁艺的教职员为他们的院长送上了热情的祝词:"六十年是长长的日子。在漫长而崎岖的中国的革命的道路上,许多你过去的伙伴英勇地牺牲了,或者悲观地放下了武器。而你,吴玉章同志,却一直向前走着,到今天你还是微笑地站在我们的队伍里,站在我们的前面,仿佛不是你追随着进步而是进步追求着你。我们来向你致敬,因为我们要学习你。我们这一群年青的,献身革命的艺术工作者快活地围绕在你身边,像围绕着一个给我们以温暖和光亮的火炬。你不但是我们很尊敬的老同志,而且是我们很亲近的领导者。"

毛泽东主席在庆祝会上说道:"一个人做点好事并不难,难的是一辈子做好事,不做坏事,一贯的有益于广大群众,一贯的有益于青年,一贯的有益于革命,艰苦奋斗几十年如一日,这才是最难最难的啊!我们的吴玉章老同志就是这样一个几十年如一日的人。"

第十章 新文字运动

抗战时期的中国有 80% 以上的人都是文盲，他们没有时间也没有钱去学习汉字，过着低效而无知的生活。1936 年，徐特立向美国记者埃德加·斯诺讲述了陕甘宁边区在革命前的文化教育情况，斯诺将其写进了《西行漫记》："除了少数官吏、地主、商人以外，几乎没有人识字。文盲几乎达到百分之九十五左右。"

鲁迅曾说："我们倒应该以最大多数为根据，说中国现在等于并没有文字。这样连文字也没有的国度是在一天一天的坏下去了。"

1940 年，陕甘宁边区政府制定了《消灭文盲三年计划（草案）》。吴玉章和边区教育厅商定，提出今年冬季在延安县创办冬学，打算利用冬季的农闲时节对广大民众进行教育，用新文字扫除文盲，冬学试办一年。吴玉章所提的新文字即是采用拉丁字母来拼汉语的音，只用 28 个字母，就可以拼出汉语的所有读音，学生一般只要几十天的时间，就能学会这种新文字。

吴玉章在 10 月开办了新文字教员训练班，他亲自授课，主讲中国文字源流、拉丁化新文字方案的制定和历史发展、中国音韵学常识、新文字发音方法等课程。

11 月 7 日，训练班的学员顺利毕业。就在同一天，吴玉章和林伯渠、董必武、徐特立、谢觉哉共同发起成立了陕甘宁边区新文字协会，在成立大会上，毛泽东被推举为主席团名誉主席，吴玉章、林伯渠等人为主席团成员。吴玉章等人在联名拟定的《陕甘宁边区新文字协会组织缘起》中表示："我们并不企图目前即刻用新文字代替汉字。……目前我们所要做到的便是利用新文字来教育文盲，使他们在最短时间内可以用新文字来学习政治与科学，也还可以利用新文字去学习汉字。……同时，新文字又能单独自由运用。"

随后，吴玉章在 11 月 10 日主持召开了新文字协会第一次理事会议，会议决定先在延安市、延安县进行试点，用新文字办冬学，取得经验后就在边区大范围推广。不久后，从陕北公学、泽东青年干部学校、中国女子大学等学校调来的 70 余人加入了延安新市场，开办了新文字冬学教员训练班。吴玉章自编教材给学员上课。

经过一个半月的培训，冬学教员训练班培养出了一批新文字教师，由此开启了以冬学为主要形式的教育运动。这年冬季，在吴玉章的主持下，延安县成功创办了冬学 63 处，实际到校人数 1563 人。一年后，边区新文字冬学达到 238 所，学员多达 5712 人，其中女冬学 23 所，学生 621 名。

1941 年的春天，边区政府在新文字冬学的基础上，决定成立一所为边区新文字教育运动培养教员和干部的专业学校——新文字干部学校，吴玉章担任校长，校址设在延河东岸清凉山北麓。

早在 1912 年时，教育部就召开了一个读音统一会，制定了"注音字母"，当时规定了 24 个声母、3 个介母、12 个韵母、1 个声化韵母。而中国新文字的创造，实际上开始于 1928 年。

大革命失败后，吴玉章等一批中国共产党员来到了莫斯科，吴玉章亲见苏联正在积极扫除文盲时，苏联远东的中国工人却被复杂的汉字限制了文化水平，也限制了自身的进步，吴玉章使用新文字为国人扫盲的意愿也更为强烈。

随后，国学功底深厚的吴玉章开始研究汉字的形成和变迁，研究中国文字的切韵和字母的发明，还学习了清朝以来一些关于中国文字改革的论述。他和瞿秋白、林伯渠、萧三经常在一起研究讨论文字改革的问题，在校内和校外的图书馆查阅有关中国历史和中国文字的各类书籍。他们在1929年10月经过几次讨论议定了草案稿后，由瞿秋白综合整理成《中国拉丁化字母》的小册子，这应是中国汉字最早的拉丁化方案。

1930年6月，吴玉章开始负责编写中文拉丁化课本。不久之后，他与林伯渠等人共同研究编写了《拉丁化中国字初学教材》，准备进行教学试验。

在制定新文字的过程中，大家持有两种不同意见，一种主张在26个拉丁字母以外制作加符号、带尾巴的新字母，来表示中国特有的语音，另一种主张尽可能不造新字母，有些中国特有的语音可以用双字母来表示。当时中国的打字机上只有通用的26个拉丁字母，如果使用新字母，连字都打不出来。吴玉章等人支持后一种意见，他们指出拉丁化新文字不只是给苏联的中国工人应用，还要在国内全面推广。

1931年5月19日，吴玉章将《中国拉丁化字母》提交到苏联新字母中央委员会举行的学术会上进行讨论，会议最终认可了不造新字母的方案。6月，吴玉章等人开始在华工扫盲行动中全力推行拉丁字母拼音方案。

吴玉章继续编写了《拉丁化中国字初学课本》，和林伯渠合编了《拉丁化中文词典》，吴玉章撰写的《中国新文字的新文法》一书出版之后，他还写了一篇引言来解释自己写这本新文法书的目的：

"第一个目的就是要我们创造新文法的新文字。有人以为，我们采用新文字，不过是把汉字拉丁化，离掉汉字是完全不能表示思想底逻辑的。这是不对的。我们是要创造新文法的新文字。这就是说：要用新文法来改造中国象形文字为拼音文字；要用新文法来改造不合于科学逻辑的规律，不合于活的言语的东方文字，为合于科学的逻辑的分析，合于言文一致的、国际化的、而且合于大众的新文化底文字。"

"第二个目的就是我们要吸收旧文化的精华来创造新文字和新文化。有人认为，我们用新文字来代替汉字就是毁灭中国的文化，这是完全不对的。我们知道，文字是文化的工具，它和其他艺术、宗教、文学等等一样，是人类社会的上层建筑物。它在相当的时期内，是帮助了中国的文化发展的。而且它在民族中的印象很深，不是用我们的空想，就可以把它废掉的。"

从1931年到1934年，远东边区新字母委员会编辑出版了47种课本、读物和工具书，印数达十万多册，苏联的中国工人几乎是人手一册。国内报刊对此进行了报道："远东各地工人，无论老少，几乎个个都认识拉丁化的新文字，且用来作文。"

吴玉章曾说："拉丁化新文字的推行，对于当时在苏联的中国工人同志的扫盲工作和提高文化水平方面，起过相当的作用。"

吴玉章等人在苏联取得的新文字改革成就，很快引发国内各界人士的热议。鲁迅在给曹聚仁的复信中表示积极支持在中国推行拉丁化新文字，他后来还写了《门外文谈》等文章，提倡和推广新文字。

1935年12月起，蔡元培、鲁迅、郭沫若、茅盾等近700人签名发布了《我们对于推行新文字的意见》，掀起了全国范围的新文字运动。吴玉章在苏联推行的新文字改革运动，也为他在延安开办新文字干部学校奠定了理论和实践基础。

1941年3月18日，吴玉章一手筹建的新文字干部学校正式开学，他在开学典礼上讲道："有些同学以为今年新文字运动还不及去年热闹，加以中间不断抽调干部下乡工作，因此颇有退后之感，须知去年，

新文字运动期间群众读书看报

系开始的一年，特别着重于宣传。今年则着重于实做，提高质量，使每人都能负起任务，望大家真正能安心学习。"

新文字干部学校分设高级班和初级班，从政治、理论、业务三方面为两个班的学员安排课程。高级班是学校的重点班，主要课程有：政治经济学、中国通史、自然科学、文字学、语言学、国语罗马字、新文字研究、写作基础、世界语、时事政策、新文字冬学实践等。初级班则主要依据初中课程设置，以文化课为主，开设政治常识、新文字概论及业务课。高级班学制为两年，初级班学制为三年。新文字干部学校的学员，以冬学为基地，积极推广和普及新文字改革，在校当学生，下乡当先生。

吴玉章创办了《新文字报》，他想通过这个报刊，让全中国的老百姓都成为新文字的学员。他在《新文字报》的发刊词中写道："我们中国人很聪明，什么都学得会。可惜我们中国认识字，能学习的人太少了。特别是我们这些穷苦的老百姓，没有福气去学习。不要说学

第十章　新文字运动

什么学问,连看报上的新闻还看不懂嘞!真是一群'瞎子',又叫作文盲,不论你有多少好看的东西,老百姓总是看不见。这是多么可怜呵!可是,现在好啦,现在有一种新文字,就是一个字不识的人,只要几十天都可以学会。……新文字认和记都很容易,只要把二十八个字母认得记得了以后,报也会看,书也会读,字也会写,信也会写,文章也会做。新文字真是我们劳动者的文字。现在我们出这个《新文字报》,就是从开头来教老百姓。从字母教起,每期都有教人学新文字的课程,一看就可以明白。还要登载一些讲学问的文章,有趣味的消息。这是要替我们三万万六千万不识字的男女同胞,打开一条到热闹的新世界的道路。"

吴玉章在1941年5月邀请毛泽东主席和朱德总司令为《新文字报》题词。毛泽东主席题写了"切实推行,愈广愈好",朱德总司令题写了"大家适用的新文字,努力推广到全国去"。

吴玉章住在延安北郊的杨家岭,每周四五天都要骑着毛驴来上课,他和其他教师一样批改学员作业,抽查学员作业,为他们做课外辅导。吴玉章还亲自讲授"中国旧文字的源流""拉丁化新文字方案的制定和历史发展""中国音韵学常识""新文字发音方法""经济学"等课程。

新文字干部学校在初创时期教师奇缺,吴玉章为了提高教学质量,一边组建专业教师队伍,一边在外邀请专家学者来校任教。徐特立、柯仲平、辛安亭、李绵、胡采等人先后来校教学,他们都是义务教学,没有报酬。在这群服务民众的有志之士的努力下,新文字干部学校的规模逐渐扩大,师资力量逐渐增强。

1943年1月,新文字干部学校出版了《新干通讯》小刊物。吴玉章在第一期刊物上撰写了《怎样利用提高文化的工具》,他在文中写道:"现在我们要提高工农大众的文化是最迫切的问题,特别是干部和在职干部的文化更需要赶快的提高。但是我们边区区乡一级的干部,这些成年人既无多的时间来学习,又希望学一天就得到一天的用处,如果学了半年还用不上,就觉得白费时间而不高兴学了。因此,教学的方法就需要有一个改进,不但要使他们容易学,而且要使他们容易用。……所以我以为我们现在要提高工农大众的文化,只要他们能表达自己的意思,学会一切的科学,用什么文字都可以。……因此,我提供这一点意见,希望我们大家来试验一下。这就是我提出的新的教学方法。"

百年巨匠

Century Masters

吴玉章 Wu Yuzhang

第十一章 延安大学

第十一章 延安大学

陕北的局势稳定后，中共中央采取了一系列措施，明确将国防教育（即抗日教育）放在优先发展的战略位置。毛泽东主席曾说："政治方针确定之后，干部就是决定因素。"

陕北文化教育落后的状况制约了干部教育的发展，延安建立了中央党校、抗日军政大学、鲁迅艺术文学院、中国女子大学、泽东青年干部学校、陕北公学、行政学院等30多所干部学校。传统集训班"短平快"的弊端逐渐暴露，陕北的教育需要向正规化、专业化的方向发展，迫切需要成立一所综合性大学。

1941年7月30日，中共中央政治局第二次会议作出正式决定：陕北公学、青年干部学校、中国女子大学三校合并，定名延安大学，任命吴玉章为第一任校长。

1941年8月28日，《解放日报》发布了延安大学开学的消息："中共中央决定将陕北公学、中国女子大学、泽东（青年）干部学校合并成立延安大学，以吴玉章同志为校长、赵毅敏同志为副校长，校址设在女大原址，限于8月底将原有三校结束，并将延大筹备就绪，闻延大学制将延长，使成正规大学，并附设中学部，现正积极进行筹备工作，约于9月中旬正式开学之。"

9月22日，延安大学举行开学典礼，校长吴玉章发表了讲话："延大成立了，这是教育上很大的转变，中共中央以及边区政府在延安推进新的教育。中国学术和教育都很空虚不实际，这是很大的毛病。满

1941年9月23日,《解放日报》刊登延大开学典礼的信息

清的士大夫,都是迂夫子,只懂做八股,不跟现代事情发生关系,考上进士翰林就能做官,所以戊戌政变时,废科举、办学校及派留学生出洋,当时的青年很拥护。后来先进青年,忙着革命,没功夫做实际工作,另一方面政府不用专门人才,只要人事关系搞好就成,弄得学非所用。今天,大后方的教育仍是无甚用处,在我们革命的地方,过去因为前方需要六个星期就训练完毕,只学会一般革命的基本课程,近两年还是如此,还是很空虚。主观主义、教条主义做不好事情,不能使我们活泼地运用马列主义。目前我们要应付这个革命的时代,教学方法就感到不够。我党实行整顿学校,变成正规化,纠正不切实习惯。今后要培养能做事的了解中国国情的青年,大家要努力学习科学和外国语。"

12月,《中共中央关于延安干部学校的决定》对各干部高等学校的办学目的作了具体规定:"延大、鲁艺、自然科学院为培养党与非党的各种高级与中级的专门的政治、文化、科学及技术人才的学校。"延安大学根据学校合编委员会提出的新的教育计划和《中共中央关于延安干部学校的决定》,开始建立正规学制,朝着新型正规的综合大学的方向发展。

吴玉章接手延安大学后,亲自拟定了《延安大学教育方案(初稿)》,方案分为四大部分,对延安大学的办学"方针""学制""课程""教学"等内容作出规划。方案经过研究修改后形成了延安大学初创时期的几个目标:

第一,延大是一所培养党与非党的各种高级的、中级的、专门的政治、文化、科学技术人才的学校。

第二,实行"政治与技术并重","以学习有关专门工作的理论与实际的课程为主"。

第三,推行新的教育,反对过去那些"空虚"和"不实际"的教育,"反对公式化","反对教条",在教学过程中贯彻理论与实际一致的原则。

第四,延大"要培养能做事的了解中国国情的青年",从而培养出具有真才实学、为中国革命事业奋斗的人才。

第五,延大的教育目的"不但在专门技术和知识的获得,且更应注意培养学员的伟大品格"。

延安大学包含大学部和中学部,三校合并时,原有的800余名学生按照文化程度进行了重新分班,凡中学程度至大学程度的学生,分在大学部学习,约有500名;初中及以下程度的学生,分在中学部学习,约有300名。

大学部分为本科和专修科,本科学制二到三年,专修科一到二年。社会科学院、法学院、教育学院的班级多为本科;俄文系、英文系、体育系的班级为专修科。

延安大学的教学计划规定:学习占80%,生产占20%;校内学习占60%，实习作业占40%；公共课占30%，专业课占70%。

公共课程有"边区建设概论""中国革命""革命人生观""边区民主建设的现行政策""时事教育"等。专业课如教育系，设有"边区教育文化概况""小学教育""中学教育""社会教育""教材研究""代中国教育思想研究"等。

社会科学院、法学院、教育学院除了专业必修课之外，还开设了"中国政治""中国经济""中国通史""根据地情况及政策""敌伪研究""国际问题"等一般课程。

延大创建不久，吴玉章就率先在校内组织了中国语文研究会，研究文字学、文法学、国文教学等内容，吴玉章亲自讲授文字学，校内外来延大听课的人非常多。

在吴玉章的带动下，学校的社团活动十分活跃，各种学术团体如"老实学社""马列研究会""新法学会""新体育学会""延安教育学会"相继在校内成立。

"老实学社"出版了老实学刊，"马列研究会"强化了全校师生的政治思想教育，"新体育学会"研究新的体育理论，编译各种体育材料，研究体育训练和增强体质的方法，改变轻视体育的观念。"新体育学会"由吴玉章、朱德、张闻天等人联合体育系共同发起成立，吴玉章在成立大会上还强调："要视体育为改造现代文弱国民之基础。"

延安当时的经济非常困难，延安大学体育系的师生苦于鞋的损耗极大，常常没有鞋穿，师生们就去向八路军总司令朱德求援。朱总司令便设法给体育系师生特批了一些布鞋。

吴玉章常常教育学员："健全的精神，寓于健全的身体。""非有钢铁一般身体和艰苦卓绝精神，不能得到最后胜利。"

在如此困难的情况下，延安大学的体育活动依然丰富，学校规定每人都要根据兴趣参加下列体育活动中的任何一种：篮球、滑冰、足球、棒球、排球、器械、田径、花枪、舞蹈、国术、毽子、铁环、跳绳等。

每逢"五四"等节日，学校都要举行篮球、排球、乒乓球、拔河比赛以及其他庆祝活动。师生们还利用起了延河这个天然运动场，在夏季比赛游泳，冬季比赛滑冰。

学校常和校外单位进行比赛，延安大学曾和中央党校进行过篮球对抗赛，当时的比赛持续了一个多月，延大从校长到职工，能打球的全都上场了，比赛结束后，两校师生还在中央党校礼堂举行了联欢晚会。

延大师生还积极参与了社会上的体育赛事。1942年9月1日，延安举办了规模空前的体育盛会，运动会历时6天，参加的运动员有上千人，比赛项目包含了球类、田径、游泳比赛，还有国术、舞蹈、体操、马术、单双杠表演。延安大学秉持"强健身体，战斗准备，打倒法西斯，革命精神，遵守纪律，团结作风，胜不足骄，败不足馁"的精神取得了不俗的战绩，最后参赛的运动健儿夺得了女子篮球组冠军、田径机关学校组第一名，男子百米第一名、跳远第一名等好成绩。

吴玉章重视学生的民主教育，对学生的学习和生活都采用民主管理的方式，大力培养学员的优良作风和进步思想。学校组建了学生会，学生会分为总务、体育娱乐、文化教育、妇女等四部，总务部下设伙食委员会，兼管同学互助、清洁卫生等事宜。

各班设有班委会，学生学习和生活的所有问题都由学生自己提出，进行讨论，学生有权对学校的教学工作提出批评和建议。在不违背党和人民利益的原则下，学生向学校登记之后，可以组织各种政治、学术团体，参加各种政治活动和学术活动。

吴玉章也十分重视教师的民主和学术自由,他常常深入教师群体,倾听他们的意见,鼓励教师发表不同的学术观点。

整风运动开始后,延安大学组成了以校长吴玉章、副校长赵毅敏、秘书长赵飞克、教务处长刘披云、党总支书记施介、注册科长马培德等人为成员的延安大学学习委员会,下设学风、文风、党风三个委员会,作为学校整风运动的最高领导机构,对全校的整风运动进行具体领导。

1942年9月21日,延安大学举行了成立一周年的纪念大会,吴玉章在会上说道:"这次整风运动是我们学习怎样'做人',怎样'做事'的一个大运动,也可以说是人类改造自身的一个伟大运动,它有很重大的历史意义,我们延大今后不应当只是学科学的学校,而应当是学做人的学校,所以说整风运动奠定了我们学校的坚实基础。"

1943年3月,200余名延安大学首届学生毕业,延大的初创时期结束,进入了蓬勃发展的新阶段。3月16日,中共中央西北局召开常务会议,讨论了延安大学、自然科学院、鲁艺等学校的精简问题,决定将鲁迅艺术文学院、自然科学院、民族学院和新文字干部学校并入延安大学。

吴玉章继续担任校长,兼任鲁艺院长。延安大学校址设在原鲁艺校址桥儿沟。为了统一领导教学、科研、生产和整风等活动,延安大学下属各分院和校部都陆续搬到了桥儿沟。

4月,鲁迅艺术文学院、新文字干部学校、自然科学院、民族学院正式并入延安大学。吴玉章创办了3年的新文字干部学校并入了延安大学的社会科学院,成为新文字系。5月15日,学校发布《通报》,正式公布学校合并的有关事宜,宣布从即日起,五校统一以延安大学的名义对外办公。

五校合并的事宜到这年 9 月才最终完成，延安大学由此有了空前的教学规模，学生人数达 1600 多人，比以前整整多了一倍。院系也进行了较大调整，学校的三院三系和中学部调整为四院一部，即鲁迅文艺学院、自然科学院、社会科学院、民族学院和中学部。吴玉章不再兼任鲁迅文艺学院院长，院长由副校长周扬兼任。

延安大学建校时，正是国民党制造"皖南事变"掀起第二次反共高潮之时，国共关系再次破裂，国民党明令禁止国统区的革命青年去延安，开始对延安和陕甘宁边区实施严密的军事包围和经济封锁。1940 年和 1941 年这段时间，是延安和陕甘宁边区最为困难的时期。

正如毛泽东主席所说："我们曾经弄得几乎没有衣穿，没有油吃，没有纸，没有菜，战士们没有鞋袜，工作人员在冬天没有被盖。……我们的困难真是大极了。"

面对眼前的困境，毛主席指出："出路有三条：一是饿死；二是解散；三是自己动手，克服困难。"毛主席诙谐地说道："饿死是没有一个人赞成的，解散也是没有一个人赞成的，还是自己动手吧。这就是我们的回答。"

毛主席向陕甘宁边区和敌后各抗日根据地的全体军民发出了号召："自己动手，丰衣足食。"

在中共中央的领导下，陕甘宁边区的军民开展了轰轰烈烈的大生产运动，延安大学刚刚成立就积极响应了大生产运动，学生"一面学习，一面生产"，"为改善物质生活而斗争"。

延大师生和员工们利用假期和课余时间进行了大量的生产劳动，他们除了参加各种集体生产之外，还开展了个体生产和合作生产，主要形式有：个人生产、小组生产、以班为单位生产三种。学校管理委员会明确表示，只要个体、合伙生产不违背政府法令，不妨碍公共生产，不影响学习，就在可能的范围内给他们划拨土地、发放工具，让他们售卖种子，代销生产成品。

每当遇到重大节日，延安大学总要组织力量举办文艺活动。1944年的春节，延大鲁艺排演了新秧歌《王小二开荒》，作品取材于边区军民大生产运动中的劳动模范父女马丕恩和马杏儿的故事，家住延安南区的南三十里铺

《王小二开荒》演出

村的马丕恩和马杏儿父女俩，每天起早贪黑，辛勤劳作，最终实现了"耕一余二"（一年劳动两年余粮）的生产政策，成为勤劳致富、自给自足的好榜样。

鲁迅文艺学院秧歌队的王大化、李波创作的新秧歌《王小二开荒》讲述了兄妹二人响应边区政府开荒生产的号召，辛勤耕耘、争当劳动英雄的故事。

王大化饰演哥哥，李波饰演妹妹，新秧歌《王小二开荒》正式开演时，其诙谐质朴的风格和昂扬向上的精神感染了在场的所有观众，毛泽东主席还在黄土飞扬的大风中坐在长凳上观看，对演出大加赞赏。

《王小二开荒》火了，它在根据地点燃了人民当家作主、积极劳动的热情，每一场演出都欢声雷动。《王小二开荒》随之在各解放区广泛流传，即使在国统区的大后方，也被广大工农兵群众和进步人士

鲁艺美术系创作的木刻

津津乐道。老百姓平常说起看什么剧,都说去看"兄妹开荒",这个作品后来直接改名为《兄妹开荒》,被誉为中国第一部广场秧歌剧。

在吴玉章治校期间,还有许多经典艺术作品在鲁艺诞生,由公木、郑律成创作的《八路军进行曲》,成为后来的《中国人民解放军军歌》,这个作品鼓舞了全国人民的士气,奏出一个时代的精神旋律。吴玉章深知只有触动人心的作品才能真正唤醒群众,从而激发出他们身上巨大的精神能量,这是艺术的价值,而创造有价值的艺术正是鲁迅文艺学院的使命,是延安大学的使命,也是他的使命。

1941年春,八路军第三五九旅来到了曾被左宗棠称为"百数十里人烟断绝"的南泥湾,实行军垦屯田。经过两年多的努力,南泥湾发生了"沧桑之变",三五九旅把"处处是荒山"的南泥湾建成了有着青山绿水、香稻良田的"陕北的好江南"。屯田部队平均每人耕地十余亩,粮油菜蔬可以完全自给自足。毛泽东主席称赞道:"这是中国历史上从来未有的奇迹。"

延安大学的教学工作逐渐步入正轨，朱德总司令邀请身体欠佳的吴玉章、徐特立等人去南泥湾考察。吴玉章来到延安的几年时间里，一直忙于教学和其他重要事务，还没有时间考察延安周边的一些地方。他早就听说南泥湾轰轰烈烈的大生产运动，对这次考察充满了期待。

吴玉章从1942年7月到10月，在南泥湾考察并养病3个月，他离开的时候，正是收获季节。那年的南泥湾收成很好，除去损耗，收细粮625石，蔬菜100余万斤，还有很多其他的农产品。屯田部队平均每5个人有1头猪，运输队的骡马已有600多匹。南泥湾的开荒精神让吴玉章备受鼓舞和感动，数月里的所见所闻触动了他的诗情。吴玉章自小爱读诗，更爱读杜甫的诗，他特仿杜诗《北征》的体裁，写下了一首《和朱总司令游南泥湾》的五言古诗：

  三十一年夏，七月有七日；
  抗战满五年，寇焰犹未息。
  敌后苦坚持，艰难出奇策；
  斗争本长期，破贼不须急。
  国际新环境，民主结同盟；
  时间于我利，全盘韬略精；
  今年平德寇，明年歼日兵；
  胜利在不远，努力接光明。
  ……
  牛羊遍乡野，鸡犬满家室。
  窑洞列山腰，市廛新设立。
  农场多新种，工厂好成绩。

四方众来归，群策复群力。

工农各得所，士兵勤学习。

空气常清新，疗养可勿药。

人人称乐土，家家皆足食。

事本在人为，经纶权小试；

他年复国土，都成安乐地。

1944年4月7日，中共中央西北局、陕甘宁边区政府决定，延安大学与行政学院合并，仍名延安大学，吴玉章卸任延安大学校长，周扬担任第二任校长。

5月24日下午，新组建的延安大学在边区政府大礼堂隆重举行了开学典礼。毛泽东、朱德、徐特立、吴玉章、李鼎铭等中共中央与边区政府领导亲临会场。毛泽东主席在典礼上发表讲演，要求"延大应为抗战及边区政治经济文化建设服务"，"延大是政治、经济、文化的本学，这三项就是我们延大所要学习的，要学这一套，要做这一套"。

作为前任校长的吴玉章也发表了讲话，他简要地对中国历来的大学教育作了客观批判，并对延安大学继续寄予厚望。

吴玉章创建和主持延安大学期间，正是延安经济最为困难的时期，他带领全校师生和员工从1941年起艰苦创业，经过了近3年的不懈奋斗，成功把延安大学建设成为一所学科专业设置较全、办学层次多样化的综合大学。

吴玉章在1965年4月22日接见延安大学校史征集的工作人员时谈道："延安大学的成立，这是教育上很大的转变，是中共中央和边区政府在延安推行新的教育。它是中国共产党革命教育史上第一所规模较大的综合性大学。"

  延安大学在革命时期培养了大批兴国强国的人才和干部，学校的办学历程为新中国成立后我国高等教育的创立和发展积累了宝贵经验。

百年巨匠
Century Masters
吴玉章 Wu Yuzhang

第十二章 新中国大学的摇篮

1945年8月15日，日本宣布无条件投降，艰苦卓绝的14年抗战终于取得了全面胜利。为实现战后和平，中共代表毛泽东、周恩来、王若飞于8月28日飞往重庆，与国民党进行国共合作谈判。10月10日，国共双方签署了《政府与中共代表会谈纪要》，国内进入了短暂的和平时期。

然而，国共合作终是假象，蒋介石处心积虑地完成了内战部署后，立即破坏了停战协定，于1946年6月发动了全国规模的内战。共产党为推翻帝国主义、封建主义、官僚资本主义的反动统治，建立人民民主专政的政权，开始了一场浩大的人民解放战争。

1947年4月9日，晋察冀军区在共产党的领导下组织开展了正太战役，于4月12日解放了河北正定。半年之后，华北重镇河北石家庄解放。晋察冀、晋冀鲁豫两大解放区连成一片，形成了华北解放区。

1948年春，中共中央离开陕北，东渡黄河，来到了晋察冀边区的阜平县城南庄。5月，党中央移驻河北石家庄的平山县西柏坡，西柏坡自此成为中国革命的领导中心和解放战争时期的指挥中枢。

为迎接全国解放，培养建设新中国的大批干部，中共中央决定建立一所高等学府。5月9日，中共中央、中央军委发布《关于改变华北、中原解放区的组织、管辖境地及人选的决定》，提出了一系列重要的战略措施，其中包括在华北局成立之后，中央委托华北局创办华北大学。原属晋察冀边区的华北联合大学与原属晋冀鲁豫边区的北方大学合并，成立华北大学。位于石家庄以北、滹沱河畔的正定作为解放较早的县城，承担起了建立华北大学的重任。

1948年5月28日，吴玉章收到了周恩来的一封亲笔信，信中写道："玉章同志：为加强华北大学领导并方便号召起见，中央与华北局商定，拟请你担任华北大学校长，范文澜、成仿吾两同志任副校长，不知你愿意接受这一职务否？"

吴玉章接到来信后，欣然接受了这份任命。此时已70岁的他义不容辞地继续担负起为新中国的成立和建设培养人才的重任。吴玉章在给周恩来的回信中写道："办学校，是为了振兴中华，提高民族文化素质，为国家培养人才，这是一个极其光荣而伟大的任务，是国家百年大计、千年大计的大事，它有着重大而深远的历史意义，我一生都乐于办学校，愿为国家培养人才作贡献。"

在华北大学开学之前，吴玉章满怀热情地写出了《华北大学校歌》的歌词，随后他邀请了十几位音乐家进行谱曲，其中一位音乐家还是他的学生，即曾在鲁迅艺术学院学习、受教于冼星海的李焕之。

李焕之深受恩师冼星海的《黄河大合唱》等一系列音乐作品的启迪，他曾说："因为音乐作品和其他艺术作品一样，它要表现人民群众中最美好的情感和品质，通过它把更多的人的心鼓舞起来和燃烧起来，因而作曲家自己就必须先具有这种美好的情感和素质，具有一颗燃烧的心。"

最后，李焕之的作曲获得了吴玉章和师生们的广泛的认可，《华北大学校歌》激励人心的旋律振奋着华大师生的心，展现出了华大师生为国奋进、为民服务的精神风貌。

8月24日，华北大学举行了盛大而隆重的开学典礼。就在开学

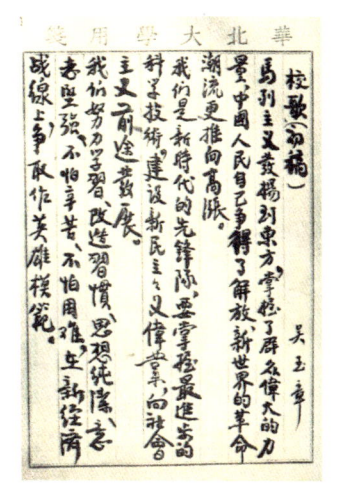

《华北大学校歌》　　　　　　　　华北大学校旗

前夕，校长吴玉章邀请毛泽东主席为华北大学题写校名。典礼当天，"华北大学"四个大字镌绣在火红的校旗上，在华北大学的校园里迎风招展。

校训"忠诚、团结、朴实、虚心"八个大字下是毛泽东主席的画像，两幅巨大的标语分别写着"正确运用批评与自我批评，加强团结，改善工作""学习马列主义毛泽东思想，建立为人民服务的革命人生观"。

会场上有一幅美术系所作的油画，画中是和蔼可亲的吴玉章校长领着一个壮实的小孩走在华北的草原上，还在学步的小孩在吴老的扶持下，正勇敢地向前迈进。

年已七旬的吴玉章走进会场时，一见此画，立即向党旗和毛主席像行了一个军礼，他深感教育事业责任重大，他走的每一步也在影响更多人向前迈进的脚步。

大会主席、学校教务长钱俊瑞开始讲话："能在这里宣布人民的

华北大学开学典礼

大学——华北大学今天举行成立典礼,我感觉无限光荣!大会这种兴旺气象,象征着人民革命战争的全国胜利必然来到,我们人民革命教育事业必然胜利。"

吴玉章在典礼上作了题为《建立新民主主义的文化中心》的报告,阐述了华北大学的办学方针、目的和学习任务:

"华北大学今天举行成立典礼,我要说一说我们大学的方针和目的。华北大学是一个革命的大学,是中国新民主主义革命过程中所产生的大学,它要培养新民主主义的革命与建设的干部,为完成中国新民主主义革命而奋斗。"

"首先,华北大学要学些什么呢?最主要的是要学马恩列斯的理论和中国革命的经验。"

"其次要认清现在的时代:我们现在所处的是什么时代呢?现在我们所处的是全世界资本主义与帝国主义走向灭亡,全世界社会主义与新民主主义走向胜利的历史时代。……蒋介石反动集团总以为中国共产党所领导的人民解放军'不堪一击',而二年战争的结果:人民解放军第一年消灭蒋军一百十二万人,第二年消灭了蒋军一百五十二万人。而蒋管区的人民百分之九十九都是仰慕解放区,拥护中国共产党及人民解放军,因此人民解放军得到了伟大的胜利。"

"第三,要担负我们的任务。……第一个任务就是支援前线,使战争很快得到完全胜利。第二个任务是把旧的思想、理论、观点、政治制度改变为新的思想、理论、观点、政治制度。这两个任务是互相依存的,同等重要,也要同时进行。"

"最后我们提出忠诚、团结、朴实、虚心,作为我们的校训。"

"我们的校歌上说:'我们是新文化的先锋队,要掌握最进步的科学技术,学习马列主义和毛泽东思想。'这样我们就能'把新时代的革命潮流,更推向高涨',就能完成新时代新人物的伟大历史任务。"

其他来宾先后在大会上讲话,三天的开学庆典穿插着话剧、歌剧、电影、球赛等活动,还举办了展览,气氛热烈,场面隆重。

华北大学以培养为新民主主义社会服务的政治、经济、文化艺术、教育等方面的干部为办学宗旨,下设四部两院,两院即是工学院和农学院。工学院的任务是培养国家的工业建设干部,院以下又分出两部:大学部、高职部。大学部设电机、化工二系,高职部设有化工、机械及电机等班。农学院以培养农业建设人才为目的,下设三系:经济植物系、畜牧兽医系、糖业系。

四部中,一部为政治训练班,以马列及毛泽东思想作为教学的重点,对知识青年进行短期政治思想训练,学员一般半年内就可以上岗工作。二部为教育学院,培养中等学校师资和教育干部,以国文、史地、社会科学、外语等方面的知识为主。三部为文艺学院,培养文艺干部，主要从文化、艺术等方面对学员进行教育。四部为研究部，进行研究工作，提高学校师资水平。

当时，学员的学习条件十分艰苦，没有课桌椅，学员就坐在用几条木棍、一根绳子串起来的马扎上，用的笔记本是学校发的黄色土纸，学生自己裁成32开装订成册。不少同学把钢笔尖插在高粱秆上，再用线缠起来，以此代替自来水笔，而墨水则由蓝靛料兑水制成。

学员的学习主要分为五个步骤：学生自学、听大课、小组讨论、问题解答和学习小结。学员上最初大课时，一人讲、几百人听，后来发展出了一千多人、两千多人的大课堂，一个课堂的听讲人数最多时有四五千人。如果没有教室，学员们就在广场上上课。学校最开始连扩音器都没有，后来装上了笨重且音质不好的扩音器，学员的听课质量有了一些改善。

学员们在露天广场听讲时，讲台就是广场前的土台子，一两千名学员坐在学校统一发放的马扎上听课。老师开讲之前，学员先赛歌，有齐唱还有合唱，老师开讲之后，广场上立即变得鸦雀无声，学员们都开始专心听讲，认真做笔记。小组讨论时，大家会畅所欲言，最后还要结合自己的经历、立场、观点认真做一番总结。

二部的学员在学习时，教师们先进行专题讲授，引导学员思考，学员们再自学教材。史地系学员的教材有吴玉章的《中国历史教程绪论》、范文澜的《中国通史简编》、刘大年的《地理学论丛》等。学员们通过自学，围绕教师留下的作业题准备发言提纲，组织课堂研讨，最后得出结论。

吴玉章、范文澜、成仿吾三位校领导常常亲自登台讲课。在数九寒天的时节，古稀之年的吴玉章披着一件棉大衣，坐在露天讲台上，为学员们讲解中国人民从鸦片战争以来的奋斗历史，生动的讲解时常让现场响起热烈的掌声。

毕业于华北大学一部五班的狄从（井其俊）曾在文章中写下他上大课的情景："我们的大课真是别开生面，既严肃又活泼。上课时各个班整队入场，每人拿个小马扎和笔记本。同学们坐好后，一般是三四百人在一起听课，赶上有校长吴玉章、成仿吾等领导同志作报告时，全校就有两三千人，黑压压坐了一片。讲课前的惯例是各班互相挑战拉歌，由各班拉拉队发出有节奏的邀请，各班负责文艺的同学出来指挥，顿时操场上唱起了革命歌曲，此起彼伏，有的是齐唱，有的是二重唱，歌声嘹亮，满操场荡漾着青年人革命的勃勃生气，振奋人心。老师开始讲课了，大操场上顿时鸦雀无声。当时没有话筒，老师讲话也能听得清清楚楚。大家专心听讲，伏在膝头记笔记。老师和同学们的思想互相交融着。"

吴玉章一有时间就会带着身边的工作人员到教师、干部、学员、工人的宿舍、办公室和教室仔细察看，他还会去阅览室、食堂等地方了解情况，指出不足之处，提出建议。当时学校里没有"先生""老师"等称呼，除了对吴玉章、范文澜等同志有时称吴老、范老以外，学员们对教师、干部都称为同志，有时也直呼其名，整个学校充满了民主平等的气息。

华北大学在正定的校舍主要有三处，能容纳2000人的天主教堂，容纳1000人的胜利街，容纳1000人的正定七中。此外，学校还有许多分散的小院供校领导、教师、干部居住，也供校医院等独立单位使用。学员通常几十人合住在一个大房间，没有床铺，他们就睡在铺有稻草的席子上。

学员们每天早晨6点起床，随后就以班级为单位开始跑步、扭秧歌、跳集体舞、唱歌，《将革命进行到底》《华北大学校歌》《兄妹开荒》《团结就是力量》《歌唱二小放牛郎》等都是大家平日爱唱的曲目。华大文工团还为学员们表演过《白毛女》《赤叶河》等剧目。

华北大学的学员、教师和干部当时都是供给制。公家包下了他们衣食住行的基本费用。学员每人每月可领6斤小米的零用钱，干部和教师的津贴只多了几斤小米的钱。大家平时吃的是小米饭、高粱米饭、窝窝头，菜是白菜、萝卜，十个人围着一个菜盆就餐。生病的学员有时能吃到一碗面条，大家称之为"病号饭"。学校在有限的条件下尽力改善大家的生活，让大家每星期吃上一顿白面馒头，逢年过节时，还会给他们加猪肉、牛肉、羊肉、粉条等四五个菜。

到了春节，全校举行团拜，各班分组包饺子，还有人拉胡琴、吹笛子，场面十分热闹。在物质并不充裕的情况下，华大师生的精神世界却极其富足。

一部二十八班的崔滨时常怀念起华大的学习经历，他在《跨过封锁线》一文中写道："华北大学的供给虽不算好，但吃得饱、吃得舒服。平常是小米饭、熬萝卜或白菜，每5天吃一顿馒头和炖猪肉，每逢年节都加菜。1949年春节学校给每个学员1斤猪肉，校办供销社盈利又给每人加1斤猪肉，又赶上校长吴玉章过生日又给每人加1斤猪肉，结果我们一连几天吃饺子、吃炖肉，生活过得确实很愉快。"

1948年12月30日，全校师生为他们敬爱的吴玉章校长举行了70寿辰庆祝活动，4天前，正是毛泽东主席55岁生日。当时正值淮海战役决胜之际，毛主席拒绝同志们为他过生日，却给吴玉章发来了贺信——

吴玉章同志：

  欣逢你的七十寿辰，谨向你致热烈的庆祝！你自青年时代起，即致力于中国人民彻底解放事业，四十年来，在中国革命的历程中，你总是站在革命队伍的前列。你挚爱中国人民和中国历史，你笃信马列主义，你对无产阶级领导中国革命必能获胜的信心从未动摇，你在反革命包围威吓中有坚强不屈的表现。中国人民都敬爱你。你的七十岁生日，恰在人民解放战争快要在全国范围内胜利的时候，这是你的光荣，也是中国人民的光荣。

著名诗人艾青朗诵了他为吴老祝寿的诗，作曲家李焕之用他自制的竹笛，吹奏了一曲《歌唱二小放牛郎》。

吴玉章在无限喜悦中发表了致谢词《永远随时代前进》，他在致词中回顾了自己50年来献身革命的经历，最后兴奋地讲道："现在我已七十岁了，是近代中国革命中更老的一代，但我总是随时代前进，绝不做时代的落伍者，我愿意和年青的同志们一道更加努力学习马列主义和毛泽东思想，努力做革命工作，彻底打倒敌人，为新民主主义新中国的实现而奋斗。我更相信：我将看到中国由社会主义到共产主义的实现，并和年青的一代又一代共同来享共产主义的幸福！"

1948年12月17日，吴玉章从西柏坡村返回学校，带回了中共中央的指示：在北平解放之后，华北大学将迁往北平办学，并在北平和天津公开招生。

随后，华北大学开始制定从正定到平、津的迁徙计划。12月中旬，华北大学派出了两支精干的队伍，分别赶赴北平、天津前线，参加两市解放后的军管工作。

华大副校长成仿吾先期来到北平，为学校寻觅新校舍。经过多方奔走，他最后看妥了铁狮子胡同、东四六条、蓑衣胡同、海运仓等几处房子。成仿吾安排好了校舍，就立即返回正定，安排师生迁校。

  总务处处长鲍建章带领一批后勤干部先行赶赴北平，开始了后勤准备工作。当时，华北大学分布在北平全城的大小宿舍有60多处，大、中、小灶伙房有50多个，这支后勤保障队伍不辞辛苦地在北平默默工作着，忙得不亦乐乎。

  1949年1月31日，北平宣告和平解放。2月3日，人民解放军举行了盛大的入城仪式，华北大学的师生高举着校旗，高唱着吴玉章校长写的校歌，阔步迈进了北平城。

> 华北雄壮美丽的河山，
> 是我们民族发祥的地方，
> 争得了人民战斗的胜利，
> 新民主主义的道路无限宽广，
> 我们是新文化的先锋队，
> 要掌握最进步的科学技术，
> 学习马列主义毛泽东思想。
> 我们忠诚团结、朴实虚心、意志坚强；
> 要把新时代的革命潮流更推向高涨。
> 勇敢、勇敢，我们要表现人类创造的力量；
> 勇敢、勇敢，我们要表现人类创造的力量。

  华北大学文工团在街上进行文艺宣传，慰问部队、工人、学生、各界代表和市民，配合入城仪式和军管工作。欢庆胜利的战鼓和秧歌舞从前门、西单一路行演到南池子，胜利的喜悦传至整个北平。

  1949年4月1日，华北大学在河北正定召开了最后一次各部、处、院负责人会议，搬迁计划细化到出发时间、各级领导分工、火车汽车装载物资的安全等事宜。4月4日，吴玉章带领学校各单位来到了北平，校部设在东四六条三十八号，正定原址仍然保留，设立分校。

吴玉章的寓所搬到了东四六条三十九号，离开北平二十余年的他想起了许多旧友，其中就有批准他入党的革命英雄李大钊。李大钊于1927年在北平被北洋军阀秘密杀害，吴玉章于1949年的4月28日在《人民日报》上发表《纪念李大钊同志光荣殉难的二十二周年》一文，他在文中写道："我人民解放军百万大军南渡长江，南京已获得解放，国民党反动政府宣告灭亡，革命即将在全国完全胜利，半封建半殖民地的中国，很快就要完全变成新民主主义的新中国，李大钊同志所企求的'青春中国之再生'已经实现。"

华北大学刚刚迁入北平，党中央就下达了新的指示，为了迎接全国解放，急需补充大批干部到解放区，华北大学须在平津地区尽可能多招收青年学生进行短期培训，为解放全中国迅速培养大批干部。

华北大学遵照中共中央的指令，把这项艰巨的教学任务放在了学校一部，即短期政治训练班。学校放宽了招生条件，放手招生，敞开门来办学，吸收了大量的有志青年。由于生源的大量扩充，学校的人力、物力、管理上出现了很大困难，吃住的问题更大。华北大学一时陷入了师资紧缺、住房紧张的困境。

吴玉章动员全体师生一起克服困难，最终，学校顺利完成了党中央扩大招生的计划，共招收学员1.5万余人，并在正定和天津各办一所分校，两地与北平的学校本部同时办学。

7月，华北大学一部短训班的学员迎来了毕业时刻，按照中央的要求，这一期的毕业学员主要跟随人民解放军的步伐，到西北和南方工作。吴玉章在毕业典礼的前一天，特意打电话邀请朱德总司令来参加毕业典礼。

华北大学一部同学的毕业典礼大会现场

　　7月31日，华北大学举行了一部短训班的毕业典礼，一部五至九区约5000名学员学成毕业，他们即将走上工作岗位，成为建设新中国的骨干力量。朱德总司令应吴玉章之邀，在百忙中抽出时间赶来参加学员们的毕业典礼。

　　毕业典礼在华大一部的广场上举行，主席台正中间挂着毛主席在延安时的肖像，台上左右两侧竖立着两幅红布剪字标语，一侧写着"西北的风沙挡不住我们前进的步伐"，另一侧写着"南方的炎热征服不了我们革命的决心"。

　　毕业典礼结束后，毕业学员们纷纷涌上主席台，请朱总司令签名题字。朱总司令欣然提笔，写的是他在讲话中勉励同学们的话"学到老、做到老"。华北大学的八字校训"忠诚、团结、朴实、虚心"不仅写进了《华北大学校歌》里，还印在了学员们的毕业证书上。

华大欢送南下干部合影

从 1948 年到 1949 年，华北大学在不到一年半的时间里，共举办过三场毕业典礼，先后有 13 批学员毕业奔赴祖国的各条战线。中华人民共和国成立前，已有 14000 人从华北大学毕业，其中 2000 人参加了平津战役，4000 人南下参加了解放广西的战役，1000 多名华大学生到达西北，为解放甘肃青海等省贡献力量。

9 月 21 日，中国人民政治协商会议第一届全体会议在北平召开，吴玉章等 662 位代表出席了会议，他们代表着中国共产党、各民主党派、各地区机构、各人民团体、人民解放军及其他爱国分子。会议通过了《中国人民政治协商会议组织法》《中华人民共和国中央人民政府组织法》，通过了起临时宪法作用的《中国人民政治协商会议共同纲领》。大会选举产生了中央人民政府主席毛泽东，副主席朱德、刘少奇、宋庆龄、李济深、张澜、高岗，吴玉章等 56 人当选为中华人民共和国中央人民政府委员会委员。

这次会议决定了中华人民共和国国旗、国歌、首都和纪年，还确定了开国大典将在10月1日举行。随后，华北大学收到了一个令人激动的通知——华大师生将参加开国大典大游行。

1949年10月1日下午2时，吴玉章以中央人民政府委员的身份出席了中央人民政府委员会第一次会议。会议通过并接受了《中国人民政治协商会议共同纲领》作为中央人民政府施政方针，选举林伯渠为中央人民政府委员会秘书长，任命周恩来为中央人民政府政务院总理兼外交部部长，毛泽东为中央人民政府人民革命军事委员会主席，朱德为人民解放军总司令，沈钧儒为中央人民政府最高人民法院院长，罗荣桓为中央人民政府最高人民检察署检察长。

下午3时，开国大典在首都北平隆重举行，30万军民在天安门广场纵情欢呼。毛泽东、朱德、周恩来、刘少奇等党和国家领导人纷纷登上天安门城楼。中国人民经过长期艰苦卓绝的斗争，牺牲了无数英雄儿女，换来了新中国的成立，吴玉章怀着无比激动和喜悦的心情登上天安门城楼，与全国人民一起见证他为之奋斗半生的理想成为现实。

毛泽东主席向全世界庄严宣告："中华人民共和国中央人民政府今天成立了！"

五星红旗伴随着《义勇军进行曲》缓缓升起，高扬在空中，54门礼炮整齐连发28响，寓意全国54个民族（当时认定全国有54个民族）在共产党的领导下，历经28年的奋斗，取得了国家独立、人民解放的胜利。

下午6时，华北大学三部的师生高举毛主席亲笔题写的"华北大学"的横幅走在大游行的最前列，华北大学是唯一被允许通过金水桥主桥经过天安门的高校游行队伍。师生们用熊熊火炬拼成了

"毛主席万岁"五个大字，美术系的师生展示着自行创作的多幅毛主席画像和人民革命斗争的画作。随后，文工团表演了大型舞台剧《万岁人民共和国》。文艺表演过后，华大一部、二部的学生和干群方阵健步走来，队伍走到金水桥边时，华大师生高呼："中华人民共和国万岁！""毛主席万岁！"毛主席不断挥手，向华大的师生们回应道："华北大学的同志们万岁！"

华大几百人的队伍进入天安门广场后，被安排在了金水桥右前方正对着天安门城楼的位置，他们可以清楚地看到主席台上的功勋领袖，也能看到他们敬爱的吴玉章校长。

游行活动在深夜 11 点左右结束，华北大学的师生徒步走回了铁狮子胡同一号宿舍。他们回到宿舍时已经 12 点多了，但还沉浸在无比激动的情绪中，久久不肯散去，更期待着早日投身到建设新中国的事业中去。

新中国百废待兴，中共中央根据当时的国内外形势，规划了新中国高等教育的战略框架，吴玉章主持的华北大学继续肩负起整合教育资源、优化高等教育体系、培养社会主义建设人才的重任。随后，华北大学将一些院、部、系、室划分出去，按照专业类别建设新的高等院校、科研机构或文艺单位，创办"华大式的学校"。

华北大学一部、二部、三部停止招收新生，让已经入学的学员继续完成学业，并为他们分配工作。外语系第一期、第二期学员近 100 人，除了毕业分配工作的学员，到 1949 年 8 月还有 30 余人，此时在校的全体师生与北平外事学校队伍合并，成立直属中共中央外事组领导的北平外国语学校，即后来的北京外国语学院、北京外国语大学。

1949 年 8 月，以江丰为首的十余名美术教员赴杭州接管杭州艺术专科学校，这所学校后来发展成为中央美术学院华东分院，后改名

吴玉章与华大师生的合影

为浙江美术学院，1993年更名为中国美术学院。

三部主任沙可夫、副主任艾青去了中华全国文学艺术工作者联合会工作，三部副主任光未然带领部分教员、戏剧专业、文工一团、文工二团共同创建了中央戏剧学院。后来中央戏剧学院几经改组，发展出了中央歌剧舞剧院、中国歌剧舞剧院、北京人民艺术剧院、中央乐团、中央歌舞团、中央民族乐团、东方歌舞团、中国青年艺术剧院等艺术院团。

美术专业与北平艺术专科学校合并成立了中央美术学院，以李焕之为首的音乐专业的师生与以吕骥为首的东北鲁迅艺术学院音乐系的师生共同组建了中央音乐学院。

1950年4月，四部机关和历史研究所约50人在范文澜的带领下调往中国科学院，组建了中国近代史研究所。

新中国成立后，华北大学农学院和北京大学农学院、清华大学农学院合并，成立了北京农业大学，即后来的中国农业大学。

1949年7月，中共中央决定将河北的华北大学工学院迁到北平，暂进驻中法大学。不久之后，中法大学校部及数学、物理、化学三个系合并到华北大学工学院。1951年，华北大学工学院改名为北京工业学院，即后来的北京理工大学。

华北大学成为新中国文教事业的摇篮，孕育了一大批不同类型的高等院校。华北大学本部的大部分力量将作为一个教育基础，通过合并一些其他院校，组建成为中国人民大学。

第十三章 新中国第一所新型正规大学——中国人民大学

新中国成立后，各行各业百废待兴，新的工业、农业、商业、贸易等建设工作即将全面开始，新中国需要培养一大批懂政治、懂技术、懂管理、有文化、有经验的建设人才。全国知识分子的数量约为200万人，仅占总人口的0.37%。培养国家急需的新型高级人才迫在眉睫。

刘少奇副主席在1949年8月访问苏联，他和斯大林达成了一个教育共识，苏联愿帮助中国在北京创办一所正规大学。刘少奇副主席亲自主持筹备工作，吴玉章、成仿吾、范文澜等人组成了筹备委员会，筹备委员会提议以华北大学为基础成立中国人民大学。

中国人民大学成为新中国成立后由共产党亲手创立的第一所正规新型社会主义大学。学校在开办时所需的经费占了当年教育部概算经费的五分之一，这在当时是独一无二的。

吴玉章等筹备委员会的成员准备让中国人民大学在第二年春季正式开学，留给他们的时间只有短短数月，任务非常艰巨。在筹备建校的过程中，由于生源的扩张，学校出现了校舍紧缺的问题，教学设施的建设也因经费问题受到了影响。

10月14日，吴玉章针对建校时的诸多问题致信刘少奇副主席："昨晚我们开人民大学筹备会，……讨论各系内容后即谈到校舍问题，因为房子困难，有主张只收四千学生，待明年春夏再扩张。苏联同志说，少奇同志曾谈过至少要有七千学生，对于明年才扩大颇不表赞同。当时我觉察到苏联同志是抱了极大热诚来帮助我们的，于最短期间要做出一点成绩来，才能对得起他们的使命，所以不赞成迁就地、小规模地、慢慢地去办；而是要大刀阔斧地、独立自由毫无顾忌地去办，并且要争取时间，不能有一刻延缓。……我们就决定：学生以七千人为最少数，房子于现在华大铁狮子胡同附近或其他地方尽力去找，只要有可能，租或买都可以，限我校总务处长鲍建章同志于三日内完成这任务，并作报告来呈请中央批准。"

"如果今年不把房子修好，则学校工作就要迟一年。我们已决定明年一二月开学，必须在今年年底把房子修好，学生招齐。苏联同志再三说我们人民大学必须办得比清华、北大要更好，学生的桌凳要同他们一样或更好。现在我们一时还办不到这点，但总不能如以前睡地铺，坐马架子了。时间和责任心迫着我写这一封信给你。请你向毛主席请示可否由中央命令财经委员会和北京市委对于我们校舍的选定给予帮助，经费的预算从速批准，使我们工作能顺利进行。"

12月11日，中共中央政治局作出了《关于在北京成立中国人民大学的决定》，决定以华北大学为基础，合并中国政法大学，从华北人民革命大学抽调部分干部，创立中国人民大学。

五天后，中华人民共和国中央人民政府政务院通过了《关于成立中国人民大学的决定》。《决定》指出："人民大学受中央人民政府教育部领导，在大学内设本科及专修班"，"教育方针应是教学与实际联系，苏联经验与中国情况相结合。该校应于1950年2月开学"。

为保证招生计划顺利进行，学校能按时开学，中共中央于1950年1月向各大行政区发出文件，公布了中国人民大学的任务和系科设置，通知其本科各系招生的名额分配为：华北区327名，华东区177名，东北区162名，华中南区139名，西北区77名，总共为882名。

要求各大区保证完成招生任务。

第一次招生工作结束时，全校共有师生员工4258人，其中教员197人，研究生140人，学员2686人，苏联专家36人。

1950年2月14日，吴玉章在校部会议室主持召开校长集体办公会议，会议提到了教育经费减少的问题。吴玉章强调指出："学校可以暂时少招学生或迟招专修班，勤杂人员可以减少，多留下干部进行培养，组织他们一面工作、一面学习。"

新校舍的选址工作和招生工作仍在继续推进，吴玉章满怀热情地写好了中国人民大学的校歌——

> 马列主义，传到了东方，掌握了群众伟大的力量。中国人民自己求得了解放，新世界的革命潮流更推向高涨。我们是新时代的先锋队，要学习马列主义、毛泽东思想，建设新民主主义中国，向社会主义前途发展。前进，中国的儿女们！我们忠诚团结，一致奋勇，努力掌握最进步的科学技术，一定要把，新中国建设成功！

2月19日，中共中央政治局会议通过决议，任命吴玉章为中国人民大学校长，胡锡奎为第一副校长兼教务部部长，成仿吾为第二副校长兼研究部部长。4月11日，一张由毛泽东主席亲自签发的中央人民政府委员会任命通知书送到了吴玉章的手中。曾任鲁迅艺术文学院院长、延安大学校长、华

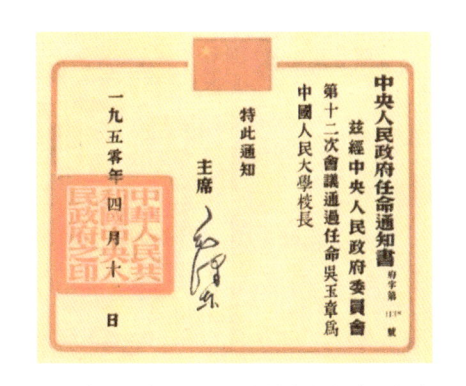

吴玉章担任中国人民大学校长的任命通知书

北大学校长的吴玉章如今正式成为新中国第一所新型正规大学中国人民大学的第一任校长。

5月1日，中国人民大学校刊《人民大学周报》创刊号出版，吴玉章在发刊词中写道：

《人民大学》校刊的目的是帮助学校把工作做好。

中国人民大学的任务是培养新中国的各种建设干部。这些干部要学会能够建立新的经济制度，能够管理新的国家。

……这个刊物能够忠实地报导教学情况，提出改进建议，使之成为教学上思想指导的武器，成为帮助我们完成任务的有力工具。

北京东城区张自忠路3号，曾经是清朝的亲王府、中华民国临时大总统府和国务院所在地，新中国成立后成为中国人民大学的最初校址。1950年10月3日下午，中国人民大学在北京铁狮子胡同2号（现张自忠路）的大操场上，举行了隆重而盛大的开学典礼，全体苏联专家和中国人民大学全体师生员工4000多人共庆盛典。

刘少奇副主席、朱德总司令、教育部马叙伦部长、人民大学苏联总顾问安德里扬诺夫先后在开学典礼上发言。中央人民政府副主席张澜、秘书长林伯渠、委员何香凝等领导出席了开学典礼，北京各大专院校的领导也纷纷到场，此外还有来北京参加国庆典礼的各地少数民族代表和其他来宾。

吴玉章在典礼上首先发言："我奉我党中央和中央人民政府之命，建立一个新式的中国人民大学，9月1日已正式上课了，今天特举行开学典礼。现在我宣布：中国人民大学开学典礼开幕了。"

吴玉章随后简单回顾了建立中国人民大学的经过，明确了中国人民大学要培养的干部是"精通先进科学与技术，为科学社会主义，即马列主义知识和毛泽东思想所武装，与各种具体业务相结合，并决心保卫人民民主主义祖国，忠诚于新民主主义建设而将来准备为共产主义事业奋斗的干部"。

此时的人民大学已经顺利建立了本科、专修科、研究生处和文化补习班。本科以较长时期培养各种建设干部为教学目的，设置了8个系。其中，经济计划系、财政借贷系、贸易系、工管系、合作社系为3年毕业；法律系、外交系为4年毕业；俄文系为2年毕业。

专修科以在短期内培养当前迫切需要的各种建设干部为教学目的，设置了11个班：经济计划班、财政借贷班、对外贸易班、国内贸易班、合作社班、工管班、统计班、法律班、外交班、教育班、史地班，均为8个月毕业。

学校对生源的要求十分严格，主要招收3年到5年以上做过革命工作的干部，而专修科则要求为5年到8年的干部。当时，本科学生有1600人，专修科学生有1200人。

此外，因招收的学生中有些是工农干部、产业工人，他们没有人上过正式的学校，文化水平普遍较低，学校为他们特设了一个文化补习班，让他们学习1年或2年后再进入本科学习。

为了培养教员，学校吸收了一批具有相当文化理论水平的干部和知识分子，组织了250名研究生，这些研究生暂定2年毕业。

学校已经建立了35个教研室，组织了210多位中国的主讲教员和实习教员，他们将在38位苏联教授的帮助和指导下担负起110多门功课。

为了提高教员和领导干部的马列主义水平，学校创办了"马列主义夜大学"，全校教员与科长以上的干部400余人此时正在学习，他们将在 2 年内学完 5 门重要的政治课。

吴玉章在考虑设置学校的系科时，一直强调财经、管理专业的重要性。他深知经济建设将成为政府的工作重心，新中国需要大量的经济建设人才和财经人才。因此，学校在进行系科设置时，财经和管理专业就占了较大比重，也由此奠定了我国的高等财经教育体制的基础。

吴玉章结束发言后，刘少奇副主席发表讲话："中国人民大学，是我们中国第一个办起来的新式大学，在中国历史上以前所没有过的大学，中国将来的许多大学都要学习我们的中国人民大学的经验，按照中国人民大学的样子来办其他的大学。"

朱德总司令在讲话中提出："你们在工作中必须坚持和贯彻教学与实际相结合的方针。教学与实际相结合，是最科学、最有效的教学方法，也是培养各种实际建设工作干部所不可缺少的方法。中国和外国、过去和现在的经验都证明，这个方法是正确的。"

中国人民大学从建校之初就建立了既有本科、专修科、研究生班，又有夜大学等多种学制、多种形式的办学体制，明确了教学目的、教育任务和重大使命。

清华大学老校长蒋南翔在《纪念无产阶级教育家吴玉章》一文中写道："在吴玉章同志主持下，以华北大学为基础，加上华北人民革命大学一部分领导骨干，又合并了政法大学，创建了中国人民大学。那时其他高等学校还刚接管不久，正在进行初步的改革，因而在新的基础上建立起来的中国人民大学的全部工作，带有开创和示范的性质。"

72 岁高龄的校长吴玉章深知责任重大，使命艰巨，他事无巨细、废寝忘食地奔走在各种繁杂的校务中，有时忙到了晚上，还要听取学校各部门的工作汇报，常常劳碌到深夜。

吴玉章在一次会议上提出"学校应培养一支高水平的青年教师队伍"，"只有培养一支高水平的青年教师队伍，人民大学的发展才有前途"。

当时，中国人民大学的教师数量严重不足，从华北大学分配过来的教师只有40多人，他们以前主要是办短期训练班，大多教授社会发展史、中共党史和哲学等政治课。人民大学一成立就建立了8个系、35个教研室，开设了100多门课程，而大部分专业课都是这些教师以前没有教过的。

吴玉章曾在学校的校代会上提出："过去的旧大学只搞业务不问政治是不对的，我们学校的一切科学部门政治课要占百分之二十到三十；政治经济学、马列主义、中国革命史、时事教育等等，政治课是很重要的。"

原有教师在新课程方面的专业能力不够，学校缺乏大量的专业教师。吴玉章提出从学校的行政和政治工作人员、华北大学留校的学生中抽调大批青年，培养成对应专业的教师。

他时常引用列宁致喀普里岛学校学生的信："一切学校里边最重要的是教课的思想，政治的方向，什么东西决定这种方向呢？完全和绝对由教员成份决定。"

吴玉章常对教师说："为了教育别人，教师自己首先应该是德才兼备的人。""不但要有专门业务和教育科学的知识，而且要锻炼自己的思想品质，提高政治觉悟。"

吴玉章在一次会议上明确讲道："我们一定要培养自己的宏大教师队伍，人民大学开设的课程，在解放区是未曾开设过的，教这些新课程的教师，向其他学校也聘请不到，只有走自己培养教师这条路。"

吴玉章开始重点培养大批青年教师，扩充教师队伍。在整个教学过程中，中国人民大学借鉴苏联大学的经验，将"教研室"作为学校的基本教学单位。吴玉章要求青年教师的讲稿要经过教研室集体讨论，然后在教师中试讲，经大家帮助补充修改后，再向学生讲授。教研室是学校教学工作的具体执行部门，直接进行一门或彼此有联系的数门课程的教学工作，负责讲堂、实习和学生的辅导工作。

为了掌握青年教师的教学情况，吴玉章经常抽出时间到教研室听青年教师试讲，他也亲自到教室听青年教师正式讲课。听完讲课后，吴玉章还要提出意见，指导青年教师的教学工作。

由于专业的教师极为有限，政治理论课这类课程仍然先采取了上大课的方式进行。有位教师向吴玉章汇报工作时曾请示过他一个问题，政治经济学教研室的教师正在讨论"多读书算不算教条主义"，当时有些同志对党在1942年的整风运动中反对教条主义的思想十分深刻。吴玉章当即指示说："多读书，真正领会书中阐明的基本原理，不是教条主义。教条主义是不研究中国国情，把马列主义的个别词句硬套在中国革命运动的实践上，以此指导中国革命，使中国革命遭受到巨大损失，王明就是教条主义的典型代表。我们学习马列主义的经典著作，要真正弄懂基本原理，这样才能用马克思主义的立场、观点和方法，来分析中国革命和建设的实践，指导我国的社会主义革命和社会主义建设。毛泽东同志在《改造我们的学习》一文中阐明的就是这种方法。"

中国人民大学孙光德教授曾提到吴玉章指导教学的一个故事。有一天，吴玉章进了孙光德同班同学的授课课堂，他听到孙光德的同学为学生们讲圣西门，讲傅立叶，讲欧文。下课之后，吴玉章就对这位教师说："你今天讲的空想社会主义，全是外国的，其实在我们年轻的时候，中国也有空想社会主义思潮，他们写文章，和人辩论。你可以去查阅20世纪初的一些期刊，那上面有中国空想社会主义的资料。"

随后，吴玉章语重心长地说："你们讲课，一定要结合中国的情况，不能只讲外国。理论联系实际，这是我们党的优良作风之一，不能忘记。"

吴玉章又问他："你的学生在上课前知道空想社会主义吗？"

这位教师回答不出来。

吴玉章便说："你讲空想社会主义前，要了解你的学生知不知道空想社会主义，知道多少。根据他们的情况，结合他们的情况来讲。"

吴玉章一方面在培养大量年轻教师，一方面还要努力留住一些优秀教师。1952年，人大副校长成仿吾被调去东北师范大学担任校长，吴玉章舍不得成仿吾离开，更担心成仿吾会带走学校的另一位好教师，他的夫人张琳。

吴玉章特意把张琳叫来办公室，十分诚恳地说："我跟你商量件事，成仿吾同志调动工作嘛，你可不可以留下来。理由呢，就是因为你那个系太大，一时没有接班人。你培养一下接班人，培养好了你就走，行不行？"

张琳再三斟酌后，决定留下来。后来，成仿吾出差回北京的时候，总会被吴玉章叫去相见，在吴玉章那儿逗留很久，夫妻俩每每想起吴玉章的关怀都很感动。

教研室执行具体的教学任务，还要进行科学研究工作，培养研究生。吴玉章鼓励师生们在科学研究中要努力创新，勇攀科学高峰。在学术问题上，他主张"百家争鸣"，认为"只能以理服人，不能以力服人。那种企图以简单、粗暴，甚至谩骂的方式对待学术争论的态度，

吴玉章和中国人民大学师生的合影

显然都是错误的,应当注意防止和纠正"。

吴玉章十分重视科研工作,他一再强调大学教师要重视科学研究,如果一个大学教师只能论述基本原理,不能进行科学研究,不能对新的社会经济现象提出自己的见解,就不算一个很好的教师。

学校专门成立了研究部,领导和组织全校的科研工作,定期召开科学讨论会。学校的总会、各系、教研室均有分学科的科学讨论会,除了本校全体教师参加外,还会邀请全国的著名学者、兄弟院校的相关专业人士参加讨论,进行深度学术交流。吴玉章不仅参加全校的科学讨论会,还经常参加各系、教研室分学科举行的讨论会。

1953年,国文教研室改组为中国语言文学教研室,这个教研室负责学校大一和预科的语文课,同时进行文学、语言方面的科学研究工作。为了提升这个教研室的教师学术水平,推动学术研究,吴玉章建议该教研室的新主任王食三邀请一批造诣精深的著名作家和学者来校作专题报告,举办文艺研究讲座。

吴玉章引述了毛主席《在延安文艺座谈会上的讲话》，强调举办文艺研究讲座的意义。毛主席讲道："我们必须继承一切优秀的文学艺术遗产，批判地吸收其中一切有益的东西，作为我们从此时此地的人民生活中的文学艺术原料创造作品时的借鉴。"

吴玉章让教研室以他的名义拟出一个邀约信稿，先送他审定，再派人去进行正式邀请。作家和学者们一见是吴老的信，都欣然应允。最后这次讲座请到了九位著名作家和学者来校演讲。

主题	主讲人
一、正确继承我国优秀文艺遗产	何其芳
二、《三国演义》研究	周立波
三、《西厢记》研究	宋之的
四、《红楼梦》研究	俞平伯
五、中国新文学研究	冯雪峰
六、《阿Q正传》研究	黄药眠
七、《春蚕》研究	吴组缃
八、新诗研究	艾　青
九、戏曲改革研究	马少波

这些作家和学者的学术报告观点深刻，内容精彩，为学校的师生们呈现了一场又一场生动的文艺教学，丰富了教学内容，拓宽了他们的学术思维，更增强了大家对学术研究的兴趣。学校的教研室组织很快发展到了四十多个，政治经济学教研室原只有十余位教师，后来也很快增加到了二十多位。

吴玉章有时还将课堂拓展到其他学校，请学校的青年教师去教授校外的学生。1956年，中央统战部为了帮助民主人士学习马列主义、毛泽东思想，专门创办了社会主义学院，并邀请吴玉章兼任院长。吴玉章对统战工作一直都很重视,他欣然接受了邀请,兼任社会主义学院的院长。随后,他时常邀请中国人民大学的理论教师来社会主义学院为学生们讲课。

社会主义学院第一期的学生大多是高级民主人士、党外社会名流,老教育家胡庶华等人也在院学习。他们大都年逾花甲、行动迟缓。吴玉章对这些学生的管理一视同仁,曾说:"上课要有个上课的样子,名流学者可以坐汽车来,上课以前可以坐在沙发上喝茶。但一听到铃声,就要进入课堂,立即就座,遵守课堂纪律。"

在吴玉章的严格要求下,社会主义学院的课堂秩序井然。开讨论会的时候,学员们贯彻执行"不抓辫子、不扣帽子、不打棍子"的三不政策,畅所欲言,敢于争论。教师们也非常认真负责,按时开讲,按时下课。下课之后,教师们仍把这些年长的学员们当作老前辈来敬重,老前辈们也很尊重这些年轻教师。政治学习和思想改造的教育工作就在这般师生友爱、学风浓厚的教学环境下高效推进着。

新中国成立以后,过去形成的大量旧政权档案、革命历史档案迫切需要被接收、整理和研究,然而中国的档案工作尚缺乏成体系的规章制度和专业理论,也没有专业的档案管理人才。在此情形下,中国人民大学专修科档案班在1952年应运而生,中国人民大学创立的档案班成为新中国档案高等教育和科学研究的起点。

在中国大使馆的盛情邀请下,苏联派出了一位档案专家来中国人民大学进行为期两年的指导教学,这位专家就是国立莫斯科历史档案学院的姆·斯·谢列兹涅夫副教授,他于1952年10月来到中国人民大学,并在专修科档案班的开学典礼上说道:"中华人民共和国第一个档案专修班的开办是新中国文化建设史上的一个重大的事件。"

专修科档案班这个新兴专业不属于任何系,学制为8个月,吴宝康担任专修班主任兼档案教研室主任。当苏联专家刚开始上课时，就发现了一个严重问题，老师讲一句，女翻译就译一句。学员们没有课本，他们的文化水平有限，就连做笔记都十分困难，更不用说学习复杂的专业知识了。

教材成了最关键的问题，学员们没有好的教材，教学工作就难以继续。课堂上那名年轻的女翻译名叫韩玉梅，她和其他三位翻译一起将四门课程的讲稿翻译成中文，做成中文教材。他们夜以继日地工作，编译教学内容，终于在最短的时间内，把最新的教材送到了专修班学员的手中。

第一届专修班学生冯乐耘至今难忘当时的学习经历，他回忆说："请苏联专家给我一个人上课，翻译是韩玉梅，所以当时我是非常感动的。这说明学校敢于投入很难得的人力、物力，这些专家、翻译当时都很忙，只给一个人讲课，这个投入相当大，好像在培养一个幼苗，浇水、施肥，然后长成一棵大树。"

学校为一个学生配备一个老师和一个翻译，这是让今天的大学生都难以想象的事。冯乐耘深有感触地说："在中国人民大学档案专修班学习的过程中，学习基础打得非常好。我们学档案的第一期本科生，政治理论已经达到了一个很高的水平。虽然是搞档案的，毕业以后如果让他去搞党史也行，去搞哲学、政治经济学也没问题。当年那些知识真是学到手的，以至于这批学生是能够上讲台的，这就很了不起。"

学校以1952年的档案专修班为起点，在1953年将其扩大为专修科，1955年开办本科，成立了历史档案系。历史档案系的全部教员，不仅要掌握理论知识，还要掌握基本的教学方法，由此培养出的历史档案系的教员和毕业研究生都能独立进行讲课，完成课堂讨论、实

1953年，中国人民大学专修科档案班第一期毕业生合影

验、辅导等教学实践。

全校师生们在专业知识上不断攻坚克难、共渡难关，吴玉章欣慰于学校丰硕的教学成果，也一直不忘关心师生员工的课余生活和身体健康。他经常深入教职工和学生宿舍，去学校食堂、学习室、阅览室等地方检查巡视，并及时提出改善的意见。

教职工实行供给制（1952年8月改为工资制），每人每月只有一点生活零用钱，每人每年领一套灰棉衣，一套灰布单衣和一件白布衬衣。当时教师的宿舍也兼作办公室，房间里要摆放办公桌，屋里的灯光总是很暗淡。由于大多数人是单身，小小的一间平房里总会住着好几个人，十分拥挤。

吴玉章经常和蔼可亲地询问教师和学生的各方面情况。他在了解到教师宿舍的诸多问题后，立即去跟总务部门的领导反映，希望改善大家的生活条件。为了不让教师们住得太挤，他提出应当设法再去找些房子，对宿舍进行适当调整，同时应更换大一点的灯泡，保障教师的工作效率。此外，他还提醒部门的人去检查一下学生宿舍的灯光，把暗淡的灯泡一并换掉。

吴玉章在中国人民大学

  有人曾在校务行政会议上提出本科生因长期生病不能坚持学习应该如何处理，吴玉章明确指示："要关心他们的健康，因学校房子有困难，干部学员要保留他们的学籍，发给路费，动员他们回家休养治疗，学校照旧发给每月的生活待遇，待身体恢复后再复学学习。"

  在第一学年的教学过程中，学生每周的课堂学习有36个小时，不少学生感到课程繁重，学习紧张，部分同学减少了休息时间，虽然保障了学业，却有损身体健康。学校得知学生的学习情况后，决定从第二学年开始适当减少一些学业，规定每周课堂教学不超过32个小时。

  在新中国成立之前，吴玉章曾带领师生们把窑洞作为宿舍，把树林当课堂，现在的教学环境虽然有了很大改善，但条件仍十分有限，还有许多需要克服的困难。吴玉章一直提倡因陋就简，勤俭办学，他常说，我们办学校，要发扬延安精神，既要提倡艰苦奋斗，又要让师生员工的身体健康得到保证，让他们有充沛的精力和健康的身体去完成各项工作。

吴玉章对师生们的方方面面都非常关切，但他对自己的要求却是非常严格。他自1949年4月进入北平后，组织为了照顾他的出行，给他配备了一部解放北平时没收上来的黑色小卧车。这辆车已经非常陈旧，外出时还常常发生故障，存在一定的安全隐患。

1950年以后，国家从苏联进口了一些小车，当时吴玉章身边的工作人员考虑到他的出行安全和工作需要，多次建议吴老去向中央办公厅申请调拨一部新车。结果吴玉章非但不同意，还批评工作人员不该提出这个建议。吴玉章认为目前国家有困难，中央哪里有那么多的钱为大家购买新车。现在他的车虽然旧一点，但修一下还是可以用的，这比他在延安时骑毛驴出行要方便多了！目前国家财力、物力都还很困难，考虑问题，一切要从国家建设出发，从人民的利益出发。

1951年9月，中国人民大学在第一学年的工作中取得了很好的成绩，吴玉章在校代会上发表了鼓舞人心的讲话："我们学校是有计划，有组织，有严格的制度。实行民主集中制，与群众有密切联系，使学校成为整个教、学、工人员自觉自动的集体负责，有意见就可以提出来，展开批评与自我批评，使工作可以随时改进。我们的学校不仅要培养技术人才而且要培养建设新社会的忠实干部，有高贵的品质的干部，只有这样才能担任建设新中国的任务。"

"我们要巩固和发展我们的成绩，我们还有很多困难，特别是教员还幼稚还不够，这就要求我们发扬战斗精神。""我们一方面是要肯定我们的成绩，但是也不能骄傲自满，要以这些成绩来鼓励我们再接再厉更向前进。"

百年巨匠
吴玉章 Wu Yuzhang
Century Masters

第十四章 高等教育为工农开门

1949年12月下旬，吴玉章出席了第一次全国教育会议。新中国成立初期，以工农为主体的干部队伍文化水平普遍较低，培养更为专业的工农干部成为高校的一项艰巨而重大的任务。这次会议明确提出"教育必须为国家建设服务，学校必须为工农开门"。

吴玉章认为工农干部经过党的多年培养教育，有丰富的斗争经验和政策理论水平，还有一定的组织领导能力。他们埋头苦干，工作积极，有建设社会主义的满腔热情，但他们在新中国成立后要管理大规模的经济建设，还缺乏相应的文化水平和业务技术水平。因此，中国人民大学要"下决心为党培养一支工农干部知识化的经济建设队伍"，"使他们成为既懂政治、又懂业务的专家"。

1950年3月，《人民日报》发表了一篇题为《访中国人民大学》的文章，文中写着"中国人民大学的在校学生中，革命干部和先进工人占1/2以上"，"这是中国社会关系在政权改变后所发生的深刻变化之一"，"劳动人民将被逐步培养成为新型知识分子，进入高度发达的科学文化知识的领域，成为新中国建设中的骨干"。

吴玉章在1950年10月3日的开学典礼上提到了中国人民大学的招生要求，学校采取"以工农干部为主，兼顾青年学生"的原则，主要招收3年到5年以上做过革命工作的干部，专修科招收5年到8年的干部。针对学生里有部分工农干部、产业工人没有进过正式学校，文化水平低，学校还特设了一个文化补习班，让他们学习1年至 2 年再入本科。

1950 年，人大学生中的干部和产业工人就占到了约 70%，部分系科比如外交系的学员几乎全是工农干部出身。当时的外交系招生，除了有政治条件和工作年限的门槛之外，还要求必须是党员和区营级以上的干部才能报考。培养目标是让学生成为我国驻外使领馆的参赞或领事一级的外交工作人员。又如工厂管理系的各个专业，主要招收干部和产业工人中的劳动模范和部队的战斗英雄，培养目标是让他们成为基层和企业的厂长、矿长或经理，特别是生产管理的厂矿长和经理。

吴玉章重点强调文化补习班要加强领导，配备能力较强的干部进行管理，配备耐心负责的教员进行教学。学习教材由教员自行编写，教员需针对学员的学习能力制定速成有效的教学方法。在生活上，学校要尽量照顾好学员，让他们安心学习，调干生仍实行供给制，对家庭有困难的学员应给予一定的生活补助，对劳动模范、战斗英雄照发原工资，对于原来享受工资制的一般干部和产业工人，可发给他们原工资的 70% 作为生活费。这些规定同样用于本科生。

中国教育部在第一次全国教育会议上草拟了工农速成中学实施方案，并在 1950 年 4 月成立了北京实验工农速成中学。1952 年 7 月，北京实验工农速成中学移交中国人民大学领导，次月更名为中国人民大学附设工农速成中学。

工农速成中学的学生中有相当一部分是参加过长征和抗日战争的干部及模范人物，例如战斗英雄周天才、战士作家高玉宝、劳动模范杭佩兰，还有以"郝建秀工作法"闻名全国的劳动模范郝建秀。

郝建秀是国营青岛第六棉纺织厂的纺织女工，她的一套科学的细纱工作法创造了 7 个月细纱皮辊花率平均仅 0.25% 的全国新纪录，这

纺织女工郝建秀

套细纱工作法被称为"郝建秀工作法"。如果全国的细纱工人都能达到郝建秀的水平，全国一年可多生产 44460 件纱，增加生产的超额利润可以多买几十架战斗机。

1952 年的夏天，吴玉章从陈少敏口中得知郝建秀是一位非常优秀的纺织女工，年轻、聪明、肯干，就是缺少文化，吴玉章立即向陈少敏提出，让郝建秀"到我那里去学习培养"。

这一年，刚满 17 岁的纺织女工郝建秀来到中国人民大学附设工农速成中学，学习文化知识。她在新中国成立前只上过一年小学，此时的她要在四年时间里学完初中、高中六年的课程，还要补上小学的课程，这对文化基础薄弱的她来说，难度极大。

用她自己的话来说："一开始学习困难很大，对数理化这些知识，过去一点也没有学过。上课听讲，不是听不懂，就是听了后面忘了前面，根本记录不下来，心里真着急啊。我把一切时间都用在学习上，但是效果并不好。于是，我产生了不安心理：这样下去，怎么完成党和人民交给我的学习任务？在这里浪费国家的钱，还不如回工厂干活，为国家创造财富。"

吴玉章得知这个情况后，就把郝建秀请到家里谈心。郝建秀来到吴老家里时，看到吴老还是穿着那套灰布制服，家里的陈设很简陋，但屋里的书很多，书架装得满满的，桌上还放着几本书，桌子中间的一本书是翻开的。郝建秀羡慕吴校长徜徉在书海里的生活，自己也受到了一番激励。

吴玉章和蔼地对她说："我见到总理了，总理很关心地询问你的学习情况，要我关心你的学习，关心你的身体，叫我好好帮助你，不但要学习好，而且也要身体好。"

郝建秀听后感到热血沸腾，她想着总理那么忙，还要为一个普通工人的成长操心。她当时有很多激动的话要讲，但一句也说不出来。

吴玉章担心她没听懂，就用带着四川口音的普通话认真地把总理的嘱咐重复了一遍，然后对郝建秀说："你的文化基础差，困难一定不少，有什么困难，尽管提出来，不要客气嘛，我们都能帮助你解决的。开始困难多一些，不要紧，别着急，以后逐渐走上轨道就好了。"他继续鼓励说："我相信你一定能学好的。还要注意身体，要参加体育锻炼，将来有了文化科学知识，又有健康的身体，就能为国家建设做出更大贡献。"

后来，吴玉章特意派了有经验的老师对郝建秀加强了重点和难点知识的辅导，尤其是她在1954年当选全国人大代表后，忙于参加全国人民代表大会等活动，学校会安排老师在会前会后帮她补习功课。在吴玉章的关怀下，郝建秀的学习成绩有了很大进步，她也逐渐找到了学习状态和学习乐趣。

郝建秀在中国人民大学附设工农速成中学学习

当郝建秀在工农速成中学毕业时，吴玉章找她谈话，希望她攻读人大经济系。但郝建秀热爱她的纺织专业，想去上海华东纺织工学院学习，吴玉章也欣然赞同。郝建秀毕业之后，顺利升入了华东纺织工学院。

多年以后，郝建秀一步步走上了纺织工业部副部长、国家计划委员会副主任、全国政协副主席的岗位，从一名年轻的纺织女工逐渐成长为共和国纺织工业的领导者。她无比怀念在中国人民大学附设工农速成中学的求学时光，更怀念对她关怀备至的吴玉章校长。

郝建秀多次在全国人大开会时见到她敬爱的吴玉章校长，她总会心怀感激地向他问候，祝他健康长寿。吴玉章每次都要询问她的学习情况，还像过去那样关心她的学习和成长。

与郝建秀一样在学习过程中受到吴玉章指引和关怀的学生还有劳模李凤莲。李凤莲是穷苦出身，当过童养媳。1935年，红军到达陕北后，年仅15岁的她毅然投身革命，参加了红军，加入了中国共产

吴玉章（左一）和郝建秀（右一）的合影

党，她在工作中任劳任怨，多次被评为边区的劳动模范。新中国成立后，她当选为第一届全国政协委员，后来担任了中华全国总工会女工部处长、北京棉纺厂党委书记等职务。

1953年底，组织把她送进了中国人民大学附设工农速成中学学习。这位没读过书的劳动模范被选为全国人大代表后，常因参加各种会议和活动而耽误学业。她在学校即使是十分努力地刻苦学习，功课也总是跟不上教学进度。

为了让这位红军女战士还有郝建秀、张义昌等学员有更多时间学习，吴玉章在开会时提议学校发布一个通知，规定全校的劳动模范、战斗英雄，在重要会议期间耽误的功课由所在系科指定专人负责，对他们进行针对性辅导和补课，凡社会上各单位邀请劳动模范参加一般性会议，都必须与系科联系，经系科同意后才准许单位去找本人，否则外部单位不得擅自联系劳动模范本人，以免影响他们的正常学习。

学校遵照吴玉章的建议，对这些事务缠身的学员采取了果断的保护措施，为他们清除了大部分干扰，让他们安心学习。学员们的学习成绩逐渐有了提升。李凤莲从工农速成中学毕业后，和郝建秀一样进入了华东纺织工学院棉织系继续深造。

1955年，新中国即将审议通过第一个五年计划，中国人民大学也已走完了它的第一个五年，学校历届毕业生加在一起有近一万人，中国人民大学已从一个百废待兴的新型学校发展成为国家教育事业的一支重要力量。

1955年的毕业典礼上，吴玉章对毕业生说："本届毕业生中，革命工作干部、革命军人和农业工人成分仍然占着大多数。他们许多人经过几年的系统学习，可以有把握地说已经由普通的工人和一般工作人员成长为具有一定理论基础和一定科学水平的高级建设人才。"

1955年5月，全国文化教育工作会议在北京召开，会议肯定了全国的工农教育取得的成绩，但在综合考虑工农教育的发展情况后，作出了一个决定："现有的工农速成中学，过去虽作了很大努力，但这种使产业工人中的骨干和工农干部，大量长期离职学习和短期速成的办法在各方面有难以克服的困难，因此从今年起应即停止招生。"

此后，培养工农的教育形式就以业余教育为主，同时设立机关干部文化补习学校和职工业余中学，并适当开办夜大学和函授学校。

中国人民大学附设工农速成中学在1959年9月改为预科，第二年，正式更名为"中国人民大学附属中学"，开始招收初中生，从单一的高级中学向初高中兼有的完整中学过渡。1963年，最后一批工农学员毕业离校，中国人民大学附属中学完成了成人教育的历史使命，转制成为一个普通全日制中学。

中国人民大学贯彻了向工农开门的方针，为广大工农干部提供了优质文化和专业教育，吴玉章深切关注着工农群体的成长，为提升广大工农干部的文化水平而殚精竭虑。"工农速成中学"已成为过去，而吴玉章在成人教育领域的事业还在继续，早在中国人民大学的初创时期，吴玉章就已完成了新中国高等教育的又一个创举——函授教育。

第十五章 首推高等函授教育

新中国成立之初，国家对建设人才的需求是巨大的，仅靠全国的几十所高等院校是难以满足的。吴玉章提出中国人民大学应该把正规办学和校外办学结合起来，率先开办了面向全国的高等函授教育。

函授教育的特点是函授生不脱离原工作岗位，不受学习时间和地点的限制，可以自由安排学习计划和进度，学生只需按时参加学年考试，取得教育文凭。教、学自由的校外办学模式为广大学员提供了学习便利，也为他们提供了另一条成才之路。

吴玉章认为人民大学应该带个好头，把面向全国的高等函授教育办起来，先通过试点教学，总结出一套培养在职干部的函授教育经验，再把这种教学模式在全国推广开来，开辟出一条中国在职成人教育的新坦途。

函授教育起源于19世纪60年代英国的大学推广运动，最初的教育形式是以函代授，教师将教材发给学生后，学生在教师的信函指导下进行自学，有疑难问题再通过信函向教师请教。在中国，商务印书馆曾在1914年创设了函授学社，新中国成立后，函授教育首先出现在了中等教育学校里，1951年，东北实验学校设立了函授部，北京成立了函授师范学校。而高等学校开办函授教育便是从中国人民大学开始的。

1951年的暑假，中国人民大学的教学初步走上正轨后，吴玉章就提出了酝酿已久的函授教育。在他的领导下，学校成立了以副校长成仿吾为主任的函授教育筹委会。10月12日，校长吴玉章与副校长胡锡奎、成仿吾联名写完了一份报告，他们将报告提交给了中共中央宣传部、组织部、中央人民政府教育部的陆定一、胡乔木、安子文、钱俊瑞等同志，并请他们转呈刘少奇副主席审批。

定一、乔木、子文、俊瑞并报少奇同志：

关于开设函授教育问题，我们曾于6月份报告请示，已获中央同意。最近由函授教育筹委会拟出以下的方案：

（1）为了吸取经验，暂设函授专修班，俟有条件时，再逐步地增设函授系。目前准备先成立统计、会计、经济计划、财政、银行、合作社、工管、贸易等8个函授专修班，学习期限均为一年半。第一期拟于明年2月开始学习。并计划先在北京、天津、上海、武汉、沈阳等五城市创办；招生名额暂定1000至2000名。方法由点到面，逐渐推广。

（2）招生办法，采取与各有关机关企业部门协商，由各有关部门负责保送，经考试录取。目前只招收正在从事专业的干部参加学习，以便迅速有效的提高业务水平，适应目前国家建设的需要。

（3）函授课程计划拟参照专修科的教育计划，照顾到函授生的学习时间，稍加精减，委托筹委会与专家协商制定，另行陈报。

（4）本校须增设函授部（附组织机构表一份），请中央调给部长、副部长各1人，教务处主任2人，科长3人，教学辅导站主任5人，共计12人。

（5）函授教育的特点是函授生不脱离原工作岗位。这个特点除了要求学校在教学计划与教学方法等方面有新的一套外，还须请中央在全国明令规定有关函授教育的若干制度，保证函授教学能顺利地进行。我们拟请中央就以下各点发布指示：

1.有函授生的机关必须把函授教育视为培养干部、提高干部的专业知识与思想理论水平的重要工作，视为改进本部门工作的重要关键。因此，必须很好地调整函授生的各种工作分量（业务的与社会活动的），保证他一定的学习时间。首先应免除他的夜间工作，并每星期两次缩短他的工作时间（每次缩短2至3小时）。同时，在进行检查作业时，应尽量每月免除他一两天的工作。

2.各该机关必须准许函授生来人民大学参加学年考试（如不可能在当地组织考试的话），并酌发来往路费。各该机关应发给供给制干部讲义费，对低薪制干部应酌予补助。

3.各该机关首长有责任监督函授生的学习，党、团以及其他社会组织，亦须给以鼓励和督促，把它看成培养干部的重要工作。

4.人民大学为更好地组织函授生的教学起见，势须在各大城市设立教学辅导站，并须向有关学校和机关聘请教员、借用图书、仪器等设备与必须的房产。为此，各地区的教育行政机关与有关学校，以及有关的部门，应给以极大协助。

以上报告，是否妥当，请速予指示。

吴玉章 胡锡奎 成仿吾
（1951年）10月12日

刘少奇副主席对这份报告的批示为：

可根据此办法在平、津及其他城市的若干机关先行试办，待有经验后，再发指示。函授部组织亦从缓办，先指定二三人试办。

刘少奇

（1951年）11月5日

1951年冬，中国人民大学正式创办函授专修班。1952年1月初，中国人民大学先在北京、天津、太原三个城市进行函授专修科的招生，最后招收了工业会计、工业统计、国民经济计划、对外贸易、银行、财政等10个函授专修科的学员共2323人。

招生工作结束后，学校正准备在1952年2月7日开学，突然接到了上级指示，要在全国开展"三反"（反贪污、反浪费、反官僚主义）、"五反"（反行贿、反偷税漏税、反盗骗国家财产、反偷工减料、反盗窃国家经济情报）运动，函授专修班被迫推迟到1953年2月开学，整整延期了一年。

函授班学制为一年半，下设有：工业统计（分为工业、贸易、农业3个专业班）、工业会计、经济计划、财政、银行、合作社（分为生产、消费、供销3个专业班）、工厂管理（分为冶金、机械、采煤、电业、纺织5个专业班）、国内贸易、对外贸易等9个函授专修班，共17个专业。

为了满足大规模经济建设的人才需要，吴玉章在试办函授专修班的基础上创办了在职干部函授教育。学校为了加强对函授教育的领导，在1951年11月17日成立了函授教育委员会，副校长成仿吾兼任主任，李新、尹达、阎子元、张树楠担任委员。1952年12月9日，学校决定成立函授部，任命崔希默为部长，函授部下设函授系和函授教研室。

中国人民大学的高等函授教育因办学正规，教学质量高，从创办初始，就深受广大在职干部和各地区各单位的欢迎，并快速发展起来。

函授教师需要巡回教学，比校内的教师要相对辛苦和困难一些，经济开支也相对多一些。函授站的干部，都由北京派出去，他们相当于长期在外出差，因而享受不到学校的一些福利待遇，也比在京的干部更为辛苦。因此，吴玉章每到有函授站的地方视察工作，总是事先询问函授站的情况，不管工作有多忙，他总要去看望一下住在函授站的教师和干部。

1959年2月初，吴玉章去天津视察工作，当时已是春节前夕，天津的函授教师还在给学生讲课。2月4日这天是春节前第三天，吴玉章把天津函授站的住站教师和干部都请到了住处，详细询问他们的教学和工作状况，关心他们的生活问题。最后，吴玉章还把从北京带出来的学习材料交给函授站的干部学习。

1960年5月，吴玉章从北京去山西万荣县，他在路过太原时，听取了当地函授站的工作汇报。太原函授站自1958年后办学规模逐渐扩大，招生范围从原来的太原扩大到了山西全省的45个县市，函授生超过了1500人，形成了以太原为中心，榆次、大同、临汾和长治为教学点的全省函授教育网。当地函授教育的规模变大后，许多问题也随之突显，最大的困难就是教学用房和教师干部宿舍严重不足。

吴玉章得知当地教学用房和宿舍紧缺的问题时，在第二天就请来山西省主管文教的副省长王中青，他先感谢了山西对学校函授教育的大力支持，随后提出希望政府协助解决太原函授站的用房问题。在王中青的大力支持下，太原函授站的教学用房问题很快得到了妥善解决。

临汾是太原函授站的一个教学点，每到教学的集中时期，教师的住房和学生上课的教室就会十分紧缺。吴玉章后来见到晋南地委的负责同志时，立即向他们反映了函授站的用房困难。从那以后，教师、干部再去临汾讲课和工作时，就住上了比较好的招待所。

1960年，我国正处在"三年困难时期"，由于"大跃进"和人民公社化运动的"左"倾错误，再加上严重的自然灾害和中苏关系恶化，我国的经济发展陷入了巨大困境。太原函授站干部的粮食定量一减再减，供应的90%是粗粮，又由于没有菜吃，有些同志长期浮肿。吴玉章得知这些情况后，把宾馆招待他的糖果分送给了太原函授站的同志们，并把他写的《辛亥革命》送给他们看，用社会主义和共产主义的坚定信念以及革命的乐观主义精神来鼓励大家克服困难。

1955年1月，第一届函授专修科学生毕业，吴玉章为全面总结函授教育的工作经验，亲自主持召开了北京函授站部分应届毕业生的座谈会，虚心听取了函授生对教学工作的意见。

1月30日，正是春节后的第一个星期天，10多位应届毕业生受邀来到了东四六条的人大校部会议室。吴玉章询问了每位函授生所学的专业和工作的单位，亲切地称他们为"同学们"。函授生们见到德高望重的吴校长后，非常激动，他们提到在两年多的函授学习过程中，理论水平和业务水平都提高了，收获很大。

吴玉章欣慰地说："你们的情况证明，函授教育是一种行之有效的培养人才的教育形式。为了多培养人才，我们要继续大力发展这种教育形式。人大不仅办了函授，还办了夜大学，使更多的人有机会在职学习。"

函授生们心怀敬意地称赞起了人大的教师，教师们经常深入工厂车间，对函授生进行学习辅导，他们认真负责，对学生总是循循善诱。吴玉章提到人大的教师是学校自己培养出来的，他们还很年轻，仍缺乏教学经验，吴玉章特别强调："我们的函授教育，是与资本主义国家的函授教育不同的。我们的函授教育制度，是参照苏联的经验，结合我国的实际情况制订的。为了保证教育质量，除了印发材料外，还要安排教师讲授和辅导。"

原首钢党委副书记李容光正是当时参加座谈会的工业经济专修科毕业生，他回忆说："那时吴老已近 80 岁了，但精神很好，两眼闪烁着慈祥的光芒，他询问我们的学习情况，滔滔不绝地向我们介绍国内的大好形势，鼓励我们要循序渐进，要学无止境，要进一步学好马列主义和毛泽东思想。"

1956 年，中国人民大学又创办了 5 年制的函授本科，后来发展为函授学院，学校的函授教学点逐渐扩展到了全国各地。到了 1966 年，中国人民大学函授教育培养的各类学员共计 19087 人。中国人民大学在全国推行的函授教育规模之大，人数之多，成为新中国教育史上的一个创举。

百年巨匠 Century Masters 吴玉章 Wu Yuzhang

第十六章 文字改革的长征

1949年，华北大学即将改组为中国人民大学，学校迎来了新中国成立前的最后一批华大毕业生。校长吴玉章将华北大学的毕业纪念章交到了毕业生手中，他对这些毕业生寄予了厚望，而毕业生拿到的这枚小小的毕业纪念章却承载着吴玉章的一个宏大愿望。华北大学的毕业纪念章使用了汉字和汉语拼音并列书写的方式，流露出校长吴玉章倡导文字改革的深远用心。

当时，华北大学还办有汉语拼音小报和其他宣传物品，吴玉章虽然忙于诸多教育改革和党政要务，但他推行文字改革的脚步从未停止。新中国即将成立，全国文盲、半文盲占了人口的90%。吴玉章曾于1940年在陕甘宁边区新文字协会成立大会上说："中国要建立一个新民主主义的国家，如果全国满是文盲，是建立不起来的。"同年，吴玉章在《中国文化》创刊号上发表了《文学革命和文字革命》，文章指出中国的教育难以普及，是由于"中国工农劳苦大众识字很难"，"因为没有记音符号——字母，而只有方块汉字"。

1949年初，就在平津快要解放的时候，国语罗马字（中国的新文字定名为国语罗马字）的创始人之一的黎锦熙写信给吴玉章，表示愿与他协手搞新文字。吴玉章在这年4月来到北平后，就拜访了黎锦熙和其他热心文字改革的人士。

5月29日，吴玉章邀请黎锦熙、胡愈之、叶圣陶等人深谈中国文字改革的问题，参与讨论的还有华大、北大、清华、燕京大学等热心文字改革的师生，大家一致决定共同发起筹组全国性的文字改革团体。8月7日，吴玉章、徐特立、黎锦熙、萧三等人发起成立了"中国文字改革协进会"（后改称"协会"）。

8月25日，吴玉章给毛泽东主席写了一封信："目前你正忙于军政大计的时候，我提出新文字问题向你请示，似乎不合理。但事势迫使我不请示就要犯错误。所以不避烦，还是来请你指示。"

吴玉章在信中恳切地提出："我们觉得群众起来了，如果我们只限于书本上的研究，就会阻碍运动前进，不能满足群众的要求。日前与徐特立同志商谈，我们以为不仅要改革文字，还要革新语言，不仅要顾及各地方言，还要顾及各少数民族的语言文字，要有远大的方针和适当的标准，使全国语言文字交流互通，逐渐向统一方面发展。我们想约集更多赞成语文改革的人（约有二三百人）成立一个'中国语文革新协进会'或作'中国语文改进协会'，并拟于新政协开会前几天开成立大会。"

吴玉章基于文字改革的问题在信中提出了三项原则：

一、根据文字应当力求科学化、国际化、大众化的原则，中国文字应改成拼音文字，并以改成罗马字的，也就是拉丁化的拼音为好。不要注音字母式拼音与日本假名式的拼音；

二、各地方、各民族，可以拼音文字拼其方言，但同时要以较普遍的，通行得最广的北方话作为标准使全国语言有一个统一发展的方向；

三、整理各种汉字的简体字（约二千多可用的），作为目前通俗读本之用。至于大报纸和重要书籍文件，仍照旧用整体汉字。

吴玉章基于这三项原则，提出了几项准备推进的工作：

一、经常的研究工作；

二、全国各地选择重点试行新文字。如大连（最近提出二年内扫除文盲，文字改革后定有助于这一计划的完成）、上海、北平、山东、武汉、延安、辽东北等地，由群众团体主办，政府积极帮助；

三、编一本大的，一本小的新文字、汉字、简体字混合字典，并出版一些读物。

毛主席将吴玉章的信转给了当时文化教育方面的三位领导郭沫若、马叙伦、沈雁冰来审议，吴玉章的改革建议最终得到了领导们的认可和支持。就在开国大典后的第十天，解放后第一个全国性的文字改革民间团体"中国文字改革协会"宣告成立。

中国文字改革协会的目的是"有系统地研究和试验文字改革的办法，积极准备将来实际着手文字改革的条件"。吴玉章担任协会主席，他在开幕词中提出："现在的任务，就在于加深对方案的研究，把国语罗马字、拉丁化新文字和其他改革方案的优点都吸收过来，把它们的缺点都丢掉，以便求得一个完善的方案为国家将来作大规模的文字改革的准备。"

1949年12月23日至31日，教育部召开了第一次全国教育工作会议，提出"争取在1951年开始进行全国规模的识字运动"。

然而文字改革的难度远远超出了吴玉章的预期，他耗费了大量的时间和精力去探索改革的方向，检验改革的方案。1952年，中国文字改革协会合并到国家设立的中国文字改革研究委员会，吴玉章担任副主任委员。他在中国文字改革研究委员会的会议上充满批判地检讨

1955年，文字改革第一次会议

了自己过去"没有估计到民族特点和习惯"，有"脱离实际"的地方。

从1952年到1954年，吴玉章按照毛主席当时的一种想法，尝试利用汉字笔画搞"民族形式"的汉语拼音字母。他收集了大量资料，与大家研讨绘制汉字笔形的汉语拼音字母，但每个人对于民族形式的字母都有不同的理解，很难达成一致，无法产生统一的民族形式字母。3年来，民族形式字母的研究无法取得一致意见，吴玉章为此向毛主席、周总理作了汇报。毛主席研究了世界上各种字母文字发展的历史之后，改变了看法，赞同吴玉章原来提出的主张——"中国文字应改成拼音文字，并以改成罗马字的，也就是拉丁化的拼音为好"。

1954年12月，中国文字改革研究委员会改组为中国文字改革委员会（简称"文改会"），1955年2月，文改会设立汉语拼音方案委员会。在吴玉章主持下，汉语拼音方案委员会草拟了拉丁字母的拼音方案草案。

从1950年到1955年，文改会共收到社会各界包括海外华人共

633人提交的汉语拼音方案655种。这些方案中有汉字笔画式的，有外文字母式的，有图案式的，甚至还有速记符号。

1956年2月12日，文改会在《人民日报》上发表了《汉语拼音方案(草案)》和说明，同时印发了100多万份，向全国各方征求意见。3月，吴玉章在政协全国委员会的一次扩大会议上作了《关于汉语拼音方案(草案)》的报告。他代表政府第一次清楚阐明："提出讨论的是'拼音方案'，还不是'拼音文字方案'。""这种拼音方案，经过各方讨论修正，将来由政府公布之后，也只能作为拼音用，不可能马上用来代替汉字。"

随后，各地政协领导展开了针对《汉语拼音方案(草案)》的讨论，邮电、铁道、海军、盲人教育等有关部门也对此进行了专门讨论。经过了长达2年的讨论和修正，这项方案逐渐获得了全国各界人士的认可和支持。这套汉字改革方案先后经过了整整9年的反复讨论和修改，终于取得了阶段性的大捷。

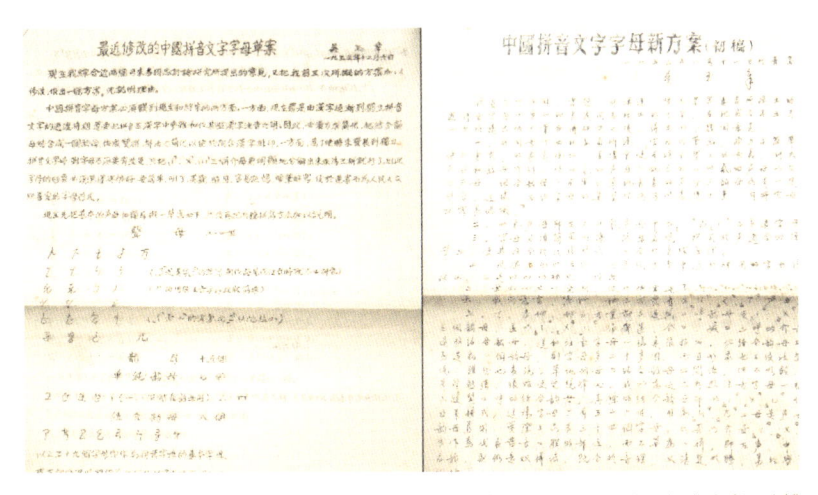

吴玉章写的《最近修改的中国拼音文字字母草案》《中国拼音文字字母新方案(初稿)》

1957年12月，吴玉章与黎锦熙合写了《六十年来中国人民创造汉语拼音字母的总结》，文章回顾了中国的拼音发展历程："我国人民为汉语创造拼音字母，已有60多年的历史。从甲午战争到辛亥革命，是中国文字改革运动史上的所谓'切音字运动'时期。……辛亥革命之后，1913年的读音统一会制定了'注音字母'，至1918年由当时的教育部正式公布。……1926年产生了由钱玄同、黎锦熙、赵元任等制订的'国语罗马字'，至1928年由当时南京的大学院正式公布。接着，1931年产生了由瞿秋白、吴玉章等制订的'拉丁化新文字'。拉丁化新文字和国语罗马字是中国人自己创制的拉丁字母式汉语拼音方案中比较完善的两个方案，大大超越了它们之前的各种同类方案。"

　　文章总结了《汉语拼音方案》这一重大成果："现在由国务院公布的这个汉语拼音方案草案可以说就是60年来前人经验的总结。""至于跟历史上各种拉丁字母式的汉语拼音方案（无论是国语罗马字或者拉丁化新文字）比较起来，现在这个汉语拼音方案草案确实是后来居上。"

　　1958年2月3日，吴玉章在第一届全国人民代表大会第五次会议上作了《关于当前文字改革工作和汉语拼音方案的报告》，吴玉章在报告里回答了一个人们非常关心的问题："我们采用拉丁字母，是不是可以说我们的爱国心不够呢？"吴玉章表示"拉丁字母是现在世界上60多个国家共同使用的字母"，"用这套汉语拼音字母拼写出来的正是地道的汉语——以北京语音为标准音的普通话。它丝毫不会损害我们民族语言的纯洁，因此，也就不会跟正当的爱国感情有任何抵触，这是十分明白的道理"。

　　2月11日，《汉语拼音方案》在这次会议上正式通过。周恩来总

1958年，吴玉章在全国人民代表大会上作《关于当前文字改革工作和汉语拼音方案的报告》

理在中国人民政治协商会议全国委员会的会议上作了《当前文字改革的任务》的报告，明确了文字改革的主要任务是"推广普通话，整理和简化汉字，制定和推行《汉语拼音方案》"。至此，这三项基本任务构成了新中国成立后语言文字改革的基本内涵，为之后30多年的语言文字工作构建了基本框架，确定了工作思路。

函授教育办得如火如荼的山西万荣县率先推行了颁布的《汉语拼音方案》，成为全国推广汉语拼音的典型。1958年9月1日，万荣县各个学校迎来了开学第一天，在小学校园里，一年级的学生们打开课本，开始学习从未见过的拼音字母，他们成为中国第一批学习汉语拼音的人。仅在《汉语拼音方案》推行的第一年，全国就有5000万小学生学习了汉语拼音。

普通民众一般只需15到20个小时就能掌握汉语拼音，花费100个小时就能识字1500个。到了1959年底，万荣县80%以上的人实现了脱盲。

扫盲运动

  吴玉章在 1958 年 11 月 19 日的全校师生员工大会上作了《挤出时间，学会拼音字母和普通话》的报告，他号召全校师生和员工一起学习拼音字母，同时学习以北京语音为标准音，以北方话为基础方言的普通话，在全校掀起了学习拼音字母和普通话的热潮。

  中国人民大学幼儿园从 1958 年起就在吴玉章校长的指导下推行拼音和普通话，老师开始教孩子们学说普通话，并在大班教孩子识读拼音字母，让拼音和普通话成为孩子启蒙教育的内容之一。

  在吴玉章的领导下，中国人民大学附属小学开始在小学生群体中推行注音识字的教育。学生从 6 周岁入学开始到二年级，语文课以学习拼音字母为主，老师在教课的过程中结合拼音字母帮助学生阅读拼音读物，第一学期就能普遍读完 20 多种书籍，极大丰富了儿童的词汇，开阔了他们的眼界和思维。这种教学方法在全国各个学校都在火热推行。

  1960 年，著名作家茅盾给吴玉章写了一封信，写信的缘由颇有意思。当时茅盾的孙女在黑芝麻胡同小学上学,有一天,茅盾对小孙女说出了几个汉字,想要考考她,但小孙女不会写,让她标拼音,她也不会标,只说忘掉了,因为他们到小学三年级就不学拼音了。

1958年,吴玉章在人民大学附属小学了解儿童学习汉语拼音的情况

茅盾听完孙女的话后感觉问题很严重,他立刻给吴玉章写了信:"我建议:文改会采取措施,同教育部协议,必须在小学二年三年乃至四、五年级的语文课中,要有一定时间复习拼音文字,同时,小学二年至五年的作文课中,必须有以拼音文字写作的练习。我曾以此意告知教育部负责人,但未蒙佳音,因此,不得不向您玉章同志呼吁!是否有当,仍便示覆。"

茅盾的来信内容道出了吴玉章心中一直较为担心的大问题,吴玉章在1959年3月写的《利用拼音字母帮助扫盲和推广普通话》中就提到过类似现象:"过去一年来的扫盲工作,成绩是很大的。很多群众经过刻苦努力,脱离了文盲状态,开始掌握文字。这是一件十分可喜的事。但是各地都有不同程度的'回生'现象,有些地区,'回生'现象相当严重,因为扫盲采取的是突击方式,加上生产任务繁重,没有及时加以巩固,自然就'回生'了。各省市负责同志都认为1959年必须继续切实扫盲,并且要努力做好巩固和扩大扫盲成果的工作。怎样使扫盲的质量提高,'回生'的使它'回熟',脱盲的使它巩固,并且进一步提高。"

在吴玉章的倡议和推动下,茅盾所提的问题最终得到了解决,后来,汉语拼音从小学一直沿用到了中学。

国家在1955年确定了以北京语音为标准音的普通话之后，在1956年2月成立了中央推广普通话工作委员会，吴玉章担任副主任。《汉语拼音方案》自1958年开始在全国推行后，极大促进了普通话的推广。为了推动普通话和汉语拼音的普及，吴玉章跑遍了大半个中国。他四次参加全国普通话教学成绩观摩会，在观摩会上提出了许多建设性的指导意见，鼓励干部工作，调动群众的学习热情。八十高龄的吴玉章不辞辛劳，亲身到基层检查工作，日夜奔波在教育工作的一线，普通话的推广工作也陆续取得了一些成绩。

吴玉章在1959年初写下了《利用拼音字母帮助扫盲和推广普通话》，他在文中提到推广普通话在某些地区已经逐渐成为社会风气，并总结道："在过去的一年中，全国好些地区，如福建、广东、江苏、上海等省市和安徽的歙县，山东的邹平、范县，河北的河间、保定，河南的叶县、登封，辽宁的开原、庄河，黑龙江的拜泉、通河，吉林的四平，山西的临猗等市县在推广普通话方面，做了不少工作，成绩很大。福建、广东是我国方言最复杂的地区，过去外省干部到那里工作，必须由懂本地话的人充当翻译。开各种会议，由于语言隔阂，浪费许多时间，往往上午作报告，下午要用各种方言翻译一遍。去年'大跃进'以后，情况已有很大改变。首先中小学除偏僻地区外，一般都已经开始用普通话教学。更重要的是普通话已经出了学校的大门，开始向社会推广，而且农村比城市积极，劲头很大。特别在福建，学普通话，讲普通话已经逐渐成为社会风气，在许多人民公社里，普通话相当普遍。"

1960年8月，全国普通话教育成绩观摩会在青岛召开，吴玉章在7月份就提前到了青岛，亲自参与会议的筹备工作。从北京到青岛，吴玉章一路上都在仔细观察沿途的环境和设施，他发现有些火车站的站牌还没有配上汉语拼音。到了青岛之后，吴玉章得知铁道部部长吕正操也在青岛，就亲自前去拜访。

吕正操得知吴玉章来了，急忙到门口迎接，连声说："吴老，您这么大年纪了，应该是我去看您的。"随后，他扶着吴玉章进了客厅。

这次会议结束后，吴玉章从青岛返回北京时，惊喜地发现铁路的站牌上都配好了汉语拼音。

普通话和拼音方案在全国大范围推广的过程中，耗时数年的汉字简化运动也取得了一系列重要成果。中央教育部从1950年开始进行简体字的研究选定工作，编订了《常用简体字登记表》。1952年3月，中国文字改革研究委员会专门成立了汉字整理组，决定以《第一批简体字表（初稿）》为基础进行删改。1954年11月，汉字整理组在《常用汉字简化表草案》第五次稿的基础上编成了《汉字简化方案草案》，于1955年2月在中央一级主要报纸、刊物上公开发表。

1955年10月15日，全国文字改革会议由教育部和中国文字改革委员会在北京联合召开，吴玉章在会上作了《文字必须在一定条件下加以改革》的报告，他在报告中阐释了汉字简化的重要性：

"汉字的笔画多数是繁杂的，单拿中央教育部公布的二千个常用字来说，平均每字有十一点二笔，其中在十七笔以上的就有二百二十一个字。我们的小学校，在六年中间，只能学习三千个左右汉字，而且未必能巩固得了，更说不上完全了解。汉字比较常用的约有六七千个，一个学生不但在中学毕业不容易完全认识，就是在大学毕业以后也还有许多字不认识，还有许多字常常读错写错。"

"由于这种情形，学习汉字比学习任何一种拼音文字耗费更多得多的时间；也因为这样，我国现行学制，需要十二年才能修完普通教育的学科，比许多国家的学制要延长两年。我们曾经试办过三年制的工农速成中学，也曾经想把小学改为五年一贯制，事实证明有很大的困难。虽然这不完全由于汉字的难学、难认和难记，但是汉字本身存在的缺点，确实成为儿童教育、成人教育和扫盲工作的沉重负担。"

因此，吴玉章认为"汉字简化是为了逐步精简汉字的笔画和字数，以减少汉字在记认、书写、阅读和印刷中的困难"。他带领文字改革的工作组践行"约定俗成、稳步前进"的八字方针，首先采用了群众所创造和群众已习惯使用的一些简笔字，同时还运用群众习惯使用的简化方法（例如同音代替、草书楷化和减省笔画等）来创造一部分新的简笔字。吴玉章不主张一次性简化大量的汉字，而是决定分成若干次，循序渐进地改变群众的识字习惯。

会后，《汉字简化方案修正草案》经过一番调整，成为后来的《汉字简化方案》。新中国的汉字简化运动经过六年多的研究，终于取得了切实的成果。这次会议的召开标志着新中国文字改革工作进入了全面实施阶段，而《汉字简化方案》的颁布让简化字取得了"正体字"的地位，开始进入逐步完善的新阶段。

1960年2月，为配合国家简化汉字、推广普通话、制定和推行汉语拼音方案等文字改革工作，吴玉章在中国人民大学成立了"中国语言文字研究所"，并担任所长，这也是我国高等院校最早成立的语言文字研究所。

研究所在中国语言文字的基础理论研究、语言文字应用研究和文字改革工作试验等方面展开了一系列工作，成为了国家语言文字决策的咨询基地，研究所成立之初的专职研究人员就多达30位。吴玉章给研究所定下了几项具体任务：一、汉字的整理和简化；二、汉语拼音文字和拼音语法的研究；三、编写一部大型词典。吴玉章表示，这几项研究工作都十分重要，不可偏废。

研究所在中国人民大学的语文系开设了"定型化研究""比较文字学"等课程，还影印了汉字从甲骨文—金文—隶书—楷书的字形演变等资料，向学生宣传文字改革的意义。

身兼数职的吴玉章常在百忙中抽空来研究所看望大家，关心和指导研究所的工作，探讨文字改革研究中迫切需要解决的问题。如果实在太忙，他也会来信对工作进行具体指导。

在短短几年时间里，研究所做了大量工作，在文字学、语音学、音韵学、文字史、世界语等方面进行了研究，先后出版了《现代必读汉字》《汉语拼音文字定型化研究》两本书，编写了一本词典，基本完成了吴玉章安排的任务。

从1955年到1964年的10年时间里，吴玉章主持制定了《汉语拼音方案》，并快速推行至全国，大力推广以北京语音为标准音的普通话，为全国推广普通话开了一个好头，中国文字改革委员会在1964年出版了《简化字总表》，列入总表的简化字共计2238个。由此，吴玉章完成了周恩来总理提出的语言文字改革的三项基本任务"推广普通话，整理和简化汉字，制定和推行《汉语拼音方案》"。

这位文字改革的老战士在1958年的全国政协会议上说道："我已经八十岁了，从小习用汉字，如果单为个人，完全不必提倡文字改革，然而为人民大众和子孙后代，我必须坚持文字改革，为它奋斗到底。"

吴玉章自1928年起在苏联推行"拉丁化新文字"方案，在延安时期发起了新文字运动，到新中国成立后推动了全国的语言文字改革。他用三十多年的时间进行了艰难曲折的探索和改革，最终走完了他的文字改革长征之路。

百年巨匠
Century Masters
吴玉章 Wu Yuzhang

第十七章 革命家庭的家学传承

吴玉章在 18 岁时与长他两岁的游丙莲结为夫妻，到了 1903 年，25 岁的吴玉章怀着对新学的向往，毅然走上留学日本的道路。从此，吴玉章把一儿一女交给了妻子游丙莲，走上了漫长的革命道路。他和游丙莲结婚 50 年，分别的时间前后加起来长达 44 年。这 44 年间，吴玉章回家的次数只有屈指可数的 8 次，他总是与家人相见后又匆匆分离。

吴玉章近乎一生都在为革命和教育事业奔波，游丙莲对此从无怨言，她在难以想象的艰难困苦中独撑着这个家，默默无闻地支持着吴玉章的革命事业。

1938 年 6 月 21 日，吴玉章回到家乡，这距离他上一次回家已经过去了 14 个年头。吴玉章十分想念家乡的亲朋好友，想邀请他们来家里吃饭，游丙莲表示赞同，毕竟丈夫漂泊在外这么多年，好不容易回家一趟，请大家吃顿饭是应该的。但此刻家里实在是穷，几乎没有能招待客人的食物。

吴玉章打开了自己的口袋给游丙莲看，打趣说，你看我口袋里还有不少钱呢。游丙莲非常惊喜，终于有钱请客吃饭了。结果吴玉章又赶紧把口袋捂起来，对妻子说，不行，这是公家的钱，我只能给你看一看，公家的钱一分也不能花。至于请客吃饭的事，我们还是另想办法。

买菜的钱一直没有着落，游丙莲不禁埋怨起吴玉章，说自己常年一个人支撑着这个家，含辛茹苦把孩子们拉扯大，而吴玉章自从1903年离开家乡后，对家里几乎毫无贡献，到现在也解决不了一个请客吃饭的问题。

游丙莲犯了愁，如今家徒四壁，拿什么来请客？吴玉章一时没有好的办法，想着在家里能找到什么就拿什么招待客人。最终，他只在谷仓里找到了一点谷子，虽然不多，但也够他请一次客了。饭搞定了，吴玉章开始琢磨菜的事，他对游丙莲说："你不是很会做酸菜吗？把你做的酸菜一个桌子上放上一碗，明天我们就把这个客请了。"

不久之后，吴玉章走到屋后，突然眼前一亮，发现猪圈里还有一头猪。游丙莲感觉到大事不妙，马上警告吴玉章，让他别打这头猪的主意，这头猪是留给全家过年吃的。

吴玉章左右为难，如果不杀猪，让客人到家里来只吃酸菜也不太合适，如果把猪杀了，全家过年的时候吃什么？吴玉章思前想后，最终还是决定杀猪。他开始劝说妻子："我离开家乡这么多年，你独自把儿女抚养成人，把一家人照顾得这么好，最关键的是你太能干了，还养了这么大一头猪。既然你养这头猪是为过年准备的，我有一个两全其美的办法……"

吴玉章所说的两全其美的办法就是提前过年。于是，吴玉章一家人在6月21日杀了年猪，全家在6月22日过了一个团圆幸福的年。然而"过年"这天，猪肉端上了桌，吴玉章却不急着招呼大家吃肉，而是说明了他请客的真正目的。

吴玉章想借助这顿饭把大家召集到一起，向大家宣传抗日。他鼓励乡亲父老在国家危亡时，有钱出钱，有力出力，上阵杀敌，共赴国难。后来，很多荣县的年轻人在吴玉章的号召下，积极奔赴前线，参加抗日。

吴玉章一直以来都是这般舍小家为大家，他曾在一篇文章中写道："三四十年来我都在外，彼此独立生活，毫无室家之累。我一开始作革命工作，就把家庭安置好了，这也是几十年来我能始终不倦从事革命的一个原因。"

1946年6月，游丙莲病重，此时的吴玉章正在重庆参加政治协商会议，他无法回家陪伴妻子，只能派儿媳回家照料。没想到4个月后，他等来了妻子去世的噩耗，69岁的游丙莲在荣县乡下病逝，与他从此天人永隔。

吴玉章得知妻子去世的消息，痛彻心扉。深夜凄冷，他含泪写下祭文《哭吾妻游丙莲》，文章字字泣血，也难以诉尽他心中的哀思和对妻子的愧疚：

> 我哭丙莲，我哭你是时代的牺牲品。我们结婚有五十年，我离开你就有四十四年。我为了要打倒帝国主义的压迫、专制政治的压迫、社会生活的压迫，在1903年正月，离开家庭到日本，随即参加革命。家中小儿女啼饥号寒，专赖你苦撑苦挣。虽然无米无盐，还要煮水烹茶，使炊烟不断，以免玷辱家门。由于你的克勤克俭，使儿女得以长成，家庭免于贫困。满以为革命功成，将和你家园团聚，乐享太平。料不到四十年来，中国的革命前途虽然走上光明，而迂回曲折，还有一段艰苦的路程。你既未能享受旧时代的幸福，又未能享受新时代的光荣。今别我而长逝，成了时代的牺牲品，能不令人伤心。
>
> 我哭丙莲，我哭你为我养育了一个好女儿，受到人人尊敬。她中年丧了丈夫，受人欺凌，艰苦奋斗，不愧贤能。终

能克服重重灾难，使六个儿女得以长成。更可贵的是她帮助你操持家务，常在你左右，使你这零丁孤苦之人得到安慰，使我这天涯海角之人得到安心。现在使你形影相依的女儿，失掉了慈爱的母亲。

我哭丙莲，我哭你为我养育了一个好儿子，学会了水电工程。他十七岁离开你，二十年在外，使你时刻忧心，他秉承了我们勤苦耿介的天性，和为人服务的精神。他有磨而不磷、涅而不缁的操守，不贪污腐化而为社会的罪人。十八岁赴法国留学，毕业后就在法国水电工厂服务八年，苏联国家计划局服务四年，都得到了好评。他为祖国的神圣抗日战争归来，因日寇封锁，机器不能输进，就谋自力更生。他自己设计、以本国器材建成了长寿的水电工程。国营事业的获利，常常是这工厂占第一名。他忙于为国家人民的事业，未能早侍奉你病弱之身，使你得享遐龄，这不能不使他抱终天之恨。

我本是一个革命的家庭。我二哥因为倒袁世凯的二次革命失败，悲愤自缢而牺牲。我大哥因为大革命而牺牲。这种种不幸，犹赖你能安慰寡嫂、团结侄辈，使家庭和顺、生齿繁荣。你待人忠厚、做事谨慎，使亲友称誉，得到人人的欢心。你不愧为贤妻良母的典型。

今年六月，我闻你重病，本想率儿媳及孙儿女辈回家一省，使一家人得一团圆，以安慰你多年渴望之心，却因我为公务羁身，环境所迫，不能如愿而行。只得命陵儿买药归来，寻医治病。后闻病势经过平稳，方以为安心调养，必能获得安宁。不幸噩耗传来，你竟舍我而长逝，能不痛心。

亲爱的丙莲，我们永别了！我不敢哭，我不能哭，我不愿哭。因为我中华民族的优秀的儿女牺牲得太多了！哭不能了事，哭无益于事，还因为我们虽然战胜了日寇、法西斯蒂，而今天我们受新的帝国主义和新的法西斯蒂的压迫更甚。国权丧失，外货充斥，工商倒闭，民不聊生。而内战烽火遍地，满目疮痍，我何敢以儿女私情，松懈我救国救民的神圣责任。我只有以不屈不挠、再接再厉之精神，团结我千百万优秀的革命儿女，打倒新的帝国主义、新的法西斯蒂，建成一个独立、自由、民主、统一和繁荣的新中国。丙莲！安息吧！最后的胜利，一定属于广大的人民。

吴玉章哀悼

一九四六年十月二十四日

游丙莲去世后的第三年，吴玉章回乡为妻子扫墓，他在妻子坟前哭泣道："我当初忙于革命未能陪你走完最后一程。现在让我好好陪你。"

说完，吴玉章就找出草席铺在妻子的坟前，整整守了好几天。在如今四川荣县的吴玉章故居内，依然挂着两张游丙莲的照片，一张是全家福，另一张是她和吴玉章的合照。这两张照片中，吴玉章均身着西装，神采奕奕。游丙莲在第一张全家福照片中年轻而灵动，但在第二张合照中，却微微佝偻，显得较为沧桑。这两张照片分别拍摄于1911年和1920年，从游丙莲的变化中可以大致窥见她对这个家庭的付出，从未上过学的她有着劳动妇女的诸多美德，克勤克俭，坚韧淳朴，温婉贤淑。

吴玉章在《六十自述》中写道："我既从事革命，不能顾及家庭。

吴玉章和家人

吴玉章和妻子游丙莲

我有一儿一女，家里又穷，全仗她为我教养儿女。我在日本留学时，家曾断炊数日，终赖她勤俭得以使儿女长成。古人说'贫贱之交不可忘，糟糠之妻不下堂'，何忍负之？"

吴玉章的长女吴春兰出生于1898年，正是戊戌变法的这一年。春兰幼时，在父亲吴玉章的庇护下，摆脱了缠足的命运，成了家乡第一个不缠足的女人。她的丈夫死于第二次国内革命战争后，她就回到了荣县老家，一边抚养着二儿四女，一边帮助母亲操持家务，陪伴着母亲。

儿子吴震寰出生于1900年，正是八国联军侵华的这年，生逢国难，民族的衰亡强烈地刺激着他的爱国之心，他亦跟随父亲的脚步，开启了革命的一生。他在1917年就读于北京大学预科，在五四爱国运动爆发时，成为学生代表，誓死力争国家主权。1920年，吴震寰成为父亲组织的留法勤工俭学会的第五批勤工俭学生，考入了法国里昂大学。他在1927年毕业后回国，刚到上海时正遇蒋介石发起"清共"和反苏的一系列行动，父亲吴玉章当时被迫转移，在上海等候去苏联的船，为了遵守组织纪律，他没能与同在上海的儿子团聚。吴玉章去了苏联之后，吴震寰在同一个月很快再赴法国，在法国成为一名水电工程师。到了1933年，吴震寰从法国来到苏联的莫斯科，在苏联建设委员会担任工程师，继续从事水电设计的工作。他与父亲分别多年，终于在异国他乡与之重聚，还和父亲成了革命战友。抗战爆发后，父子俩于1938年3月一同回国，在回国之前，他们去了伦敦北郊的海德公园瞻拜了马克思墓。

武汉失守后，四川成了抗日大后方，大量厂矿内迁，急需电力供应。四川省长寿县的龙溪河水力发电计划再次被提上议程。回国后的吴震寰出任龙溪河水力发电工程处工程师兼工务长，开发建设了我国第一个梯级水电站——龙溪河水电工程。

吴震寰在工作中一直隐藏着共产党的身份，秘密执行着党组织的任务。皖南事变发生后，吴震寰想方设法地转移和隐蔽同志，为他们介绍和安排工作，竭尽全力地保护党内同志。

由于长期辛劳工作，吴震寰积劳成疾，罹患肝病，他于1949年解放前夕在成都华西医院病逝。他的妻子只身一人带着四个年幼的子女在成都艰难生活，最大的八九岁，最小的不到半岁。吴玉章失去爱子，万分悲痛，他把儿子最牵挂的妻子和四个孩子接到了北京与他同住。

1950年4月，吴震寰的妻子带着长女吴本立和三个儿子从成都来到北京，与时年72岁的吴玉章一同生活。吴玉章和当年教育吴震寰一样，教育着这些孙儿孙女。

吴玉章对儿媳和孙辈们十分爱护，但在为人处世上却是严格要求的。一向公私分明的吴玉章为了不增加国家的负担，特意向工作人员提出让家属一律到隔壁校部的大灶食堂里吃饭，带小孩去如果不方便，可以用饭盒打包饭菜，拿回来给他们吃。家属们既不能与他同吃，也不能占公家便宜在他的小厨房里单独做东西吃。吴玉章只有在除夕才会和家人坐在一桌，一起吃饭。

此外，吴玉章还向工作人员提出规定，家属有事外出不能随便用他的小车，可以到外面大街上去乘电车，电车费可以从他的供给津贴费里支取，但不能拿到公家财务上去报销。小孩子上幼儿园也不得用小车去接送，可派人乘电车和大客车接送孩子上学。吴玉章认为，小孩子从小就要养成好习惯，如果每次都派小车去接送，不但浪费国家汽油，还会在群众中造成不良影响，群众会认为他们和旧社会一样，一人当官，全家享福。更严重的是会使小孩子从小养成一种骄傲自满、盛气凌人的陋习，这对他们的成长也是极其不利的。

有一次，孙儿孙女陪吴玉章去郊外访问农民、看庄稼。他们在回来的路上，正好遇见解放军同志在修路，解放军同志看到汽车过来，抬了几块木板铺在路上，好让汽车通过。等车过去后，吴玉章立即让汽车停下，让孙儿孙女们下车把木板抬开，并向解放军同志表示感谢。

吴玉章在1960年2月1日写给孙女吴本立的信中，语重心长地以她父亲吴震寰为例来教育孩子们，吴玉章指出吴震寰有"富贵不能淫，贫贱不能移，威武不能屈"的浩然正气，是一名非常优秀的水电工程师，但他没有学习马列主义，没有确立马克思主义的世界观，他就"只能是一个好的科学家，而不是一个又红又专的工人阶级的知识分子"。吴玉章希望孙辈们青出于蓝而胜于蓝，成长为又红又专的知识分子。

吴玉章唯一的女儿吴春兰中年丧夫后，常年在荣县乡下帮母亲料理家务。解放后，吴玉章并没有因为身边没有亲人照顾生活，就长期让女儿留在北京。新中国成立之初，国家进入了经济困难的时期，吴玉章动员女儿吴春兰从北京回到家乡，参加劳动生产。他在给外孙们的信中写道："你们母亲三年多来，听从我的话，在家乡长期落户，能安心从事劳动生产，并感到愉快，这使我得到很大的安慰。她好好在家乡作个模范，成为新时代的好女儿。"

吴玉章还给在四川荣县工作的外孙们写信，鼓励他们克服暂时的困难，认真工作，提醒他们时刻注意思想改造，要虚心接受同志们的批评，并且多做自我批评。

吴玉章极为重视家庭教育，他时常提醒家人待人要和气热情，走群众路线，不要骄傲自满。他指出好的家庭教育是"培养革命接班人

吴玉章晚年

整个工作中不可缺少的一部分"。在吴玉章的悉心教育下,他的孙辈们在战争年代投身革命,在革命胜利后投身国家建设,他们时刻谨记吴玉章的教诲,时刻不忘"我们是革命家庭,事事都要起模范作用"。

吴玉章对后辈们的生活十分关切,但对自己的生活却标准极低。他来到北京后,住在东四六条三十九号,他的两间屋子,一间用来睡觉,一间用于会客、办公和吃饭。儿媳妇和四个孩子住在东屋的一个大间,孩子们长大后没有多的房间,家里就用布把床隔开,让孩子们"分床"而睡。

吴玉章仍保持着艰苦朴素的作风,一日三餐,每餐始终保持二菜一汤，有时党内外的领导同志来了，他才准许加两三个菜。有一次，他房间的地下水道坏了，整个屋子臭气熏天，只能点香驱散臭味。他的两个房间都朝北，又阴又暗，会客室的墙还明显倾斜了。有一次，李宗仁打算来见他，吴玉章见家里房子太破旧，就把会面地点改在了人民大会堂。

吴玉章在夏天穿的是过去解放区发的白土布衬衣和灰土布单衣，冬天穿的是过去延安时期发的灰棉衣裤和粗呢子·老羊皮大衣。身上的衬衣破了，他便补了又补，呢子衣服上的绒都磨光了，他仍把衣服穿在身上。

吴玉章经常出席党内外的重要会议，参加较多外事活动，工作人员见他穿一些破旧衣服，总想为他做一套像样的服装，但他们每次与吴玉章商量时，都被他果断拒绝了。吴玉章总是说："做什么衣服嘛！衣服好点差点都是穿，只要穿上不冷就行了，何必一定要做新的呢！能够节约一点，就应该为国家节约一点。"

吴玉章的节俭自律，为国，也为民。他从不拿群众一针一线，别人送他的礼物，不论贵重与否，都一律交公。有一次，他收到了一套绘着渔夫和金鱼故事的文具，家里的孩子都非常喜欢。但吴玉章依旧坚定地把文具上交了，他在严格自律的同时，也教育了家里的孩子。

1963 年，吴玉章的侄孙吴本清来探望他，吴本清离开前请吴玉章写几句话作为留念，吴玉章就把贴在客厅的居家格言写给了吴本清，上联是"创业难，守业更难，须知物力维艰，事事莫存虚体面"，下联是"居家易，治家不易，欲自我身作则，行行当立好规模"。

百年巨匠 Century Masters 吴玉章 Wu Yuzhang

第十八章 不朽的星光

1959年，吴玉章给自己写下一个座右铭："我志大才疏，心雄手拙。好学问而学问无专长，喜语文而语文不成熟。无枚皋之敏捷，有司马之淹迟。是皆虚心不足，钻研不深之过。年已八一，寡过未能。东隅已失，桑榆非晚。必须痛改前非，力图挽救。戒骄戒躁，毋怠毋荒。"

吴玉章一生不喝酒，不抽烟，不打牌，他把全部的时间都投入到为人民服务的工作中去。他每天早上6点起床，常常工作到深夜。这位老战士纵然已至耄耋之年，在81岁时仍自省要痛改前非，戒骄戒躁，不能怠惰和荒废了生命。

82岁时，他又挥笔写下自励诗："春蚕到死丝方尽，人至期颐亦不休。一息尚存须努力，留作青年好范畴。"

吴玉章言出必行，他在为人民服务的过程中，所投入的精力和心力有增无减。每到新生入学之时，吴玉章总要专程去看望他们，跟新生们交流思想，畅谈未来。毕业生离校时，吴玉章总要满足大家的要求，分别和各个毕业班的学生合影留念，并勉励大家在工作后积极为国家建设贡献力量。

学生们下乡劳动时，吴玉章曾顶着凛冽的寒风前去慰问，鼓励大家在学习和思想上与工农相结合，不脱离实际，不脱离群众。他特别重视对青年的革命传统教育，关心青年们的成长。学生们有时会跑到他家里来听他教诲，吴玉章每次都热情接待他们，他与学生交流起

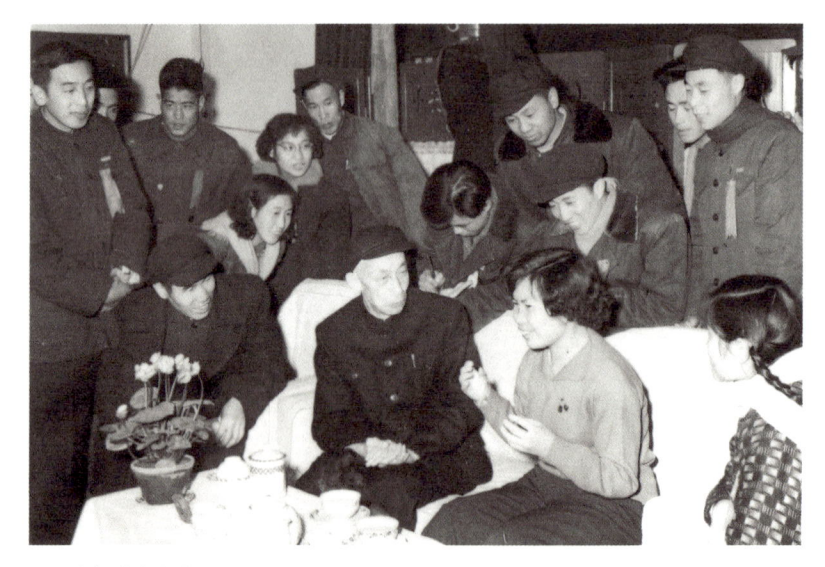

吴玉章与学生交流

来，总是滔滔不绝，常常连谈两三小时还毫无倦意。

吴玉章87岁时还出席了中国人民大学的全校运动大会，他亲自上场和射击队的同学一起举枪，打下了空中的气球。他88岁时仍风尘仆仆地跑到北京郊区的苏家坨，看望正在半工半读、建立农村教学基地试验的师生，与下乡各系的负责同志商讨工作。

吴玉章常年患有严重的脱肛疾病，外出行动时极不方便，在精神上饱受病痛的煎熬。医生为了减轻他大便时的痛苦，建议他多吃水果。吴玉章由于年纪大，牙齿不好，不能吃太硬的食物，医生就建议他多吃西瓜。

西瓜是夏季的水果，到了冬春时节，北京的市场上就没有西瓜了，只有专门的供应点有少量的西瓜，还都是一些下窖的小西瓜，因此价格要比平时更贵些。每当工作人员去给吴玉章送西瓜时，他总是要询问西瓜多少钱一斤。为了保证吴玉章的身体健康，工作人员每次都得把价格说得低些，吴玉章听说价格便宜，才愿意吃。

后来，他知道西瓜的真实价格后，就一再提出不要西瓜了，吃点别的也行。工作人员反复向他说明这是医生的要求，这才让他勉强同意继续吃西瓜。但他又规定以后买回的两三斤重的西瓜必须分成两天吃，一天吃一次，一次只吃半个，剩下的一半保存好，放到第二天再吃。

吴玉章在运动会上和运动员亲切交谈

1966年9月9日，吴老因病情加重住进了北京医院高干病房331房间。他住院后，心里还一直牵挂着中国人民大学，还想着要去西郊学校看一看。

9月13日凌晨，医院里的病床较高，又没有护栏，吴玉章没睡习惯，在起夜时不慎滑落床下，将股骨摔折了，这可吓坏了当时的值班工作人员。吴玉章忍着疼痛，安慰这位紧张的年轻人："不要紧，是我不小心，其实这条腿我以前在莫斯科中山大学练单杠时就摔折过的。"

吴玉章的安慰让这位值班的同志在感动之余更加自责，后悔自己的疏忽让吴老受了伤。9月15日，医生给吴玉章的股骨做了接合手术。手术后，吴玉章的身体很快得以恢复，几天过后，他又能坐着轮椅到院子里呼吸新鲜空气了。

吴玉章在医院住了整整3个月，12月9日的早晨，吴玉章开始精神异常，体温高达39摄氏度。医生检查后，诊断出他的病症为右下支气管肺炎。这种病对于年近90岁的老人来说，是非常危险的，医院立即对吴玉章采取了救护措施。

12月10日，卫生部的黄树则部长会同北京医院的专家对吴玉章进行了会诊，他们认为吴玉章的病势十分严重，立即把这一情况报告了中共中央办公厅的汪东兴同志。12月11日，吴玉章的病情仍不见好转，中央决定把吴玉章病危的情况告知他的亲属和好友。

12月12日上午9点，吴玉章的神志稍微清醒了一些，还吃了3小碗汤饭，然而到了10点，谢觉哉老人来看望他时，吴玉章已认不出他的老战友了。11点50分，这位久经考验的无产阶级革命家、教育家因抢救无效，永远地离开了，终年88岁。他去世时距89岁生日只有18天。

由于当时政治环境和"文化大革命"的影响，吴玉章丧事的规格受到了限制。吴老去世的当天，大家在北京医院举行了遗体告别仪式，党和国家领导人邓小平、朱德、李先念、陈毅、贺龙等人以及有关部门，还有人大的师生员工代表几百人纷纷赶来见吴老最后一面。晚上9点，吴玉章的遗体被送到八宝山革命公墓火化。

邓小平在1987年时评价吴玉章是"我国杰出的无产阶级革命家、教育家、历史学家、语言文字学家"。

清华大学老校长蒋南翔评价吴玉章："在吴玉章同志从事文化教育事业的漫长岁月中，为革命战争、政权建设、经济建设和文化建设，培养了好几代干部。他的教育活动，时间长、方面广、经验多、成就大，可以说是当代中国革命文化教育事业的杰出代表。"

吴玉章的家人们在清理他的遗物时，发现吴玉章除几大架的藏书之外，几乎没有什么值钱的东西。他艰苦朴素的生活作风从延安时期一直保持到了离世，他用的东西很多都是延安时期配给他的，他尤其珍惜在延安时发的一件小羊皮袄，皮袄已经拆洗得褪了色，有些地方的毛都掉光了，灰布面也不知补了多少次，但他还在穿，一直穿到去世。

他的家具用品大都是刚进城时配备的，坏了修一修再用。他平时用来喝水的花搪瓷缸子，外面的瓷釉已脱落得斑斓不堪，他也舍不得扔掉。他那条一直盖着的军毯和装文件的皮箱，年代更为久远，是他参加"八一"南昌起义时配发的。

吴玉章坚持把按规定发给他的人民代表工作费和科学研究工作费退还给有关部门，只拿自己的那份工资。他自己节衣缩食，清贫俭朴，对有困难的同志却常常慷慨相助，关怀备至。很多人都受过吴玉章的"接济"，对这位"一辈子做好事"的长者深怀敬意。

孙辈吴本立和吴本渊曾写文说："由于爷爷朴素和助人为乐，没有给我们留下什么物质财产，却给我们留下了取之不尽、用之不竭的精神财富。"

吴玉章从1953年起开始写回忆录，由于事务繁忙，写作进度比较缓慢。1960年，吴玉章的好友林伯渠逝世，他在悲痛之余，决心加紧写回忆录，随后的两年写得多一些。但到了1963年以后，吴玉章的身体状况变差，记忆力也衰退了，回忆录的写作就在无形中终止了。

吴玉章的一生，为革命舍生忘死，为教育事业殚精竭虑。翻开他的回忆录，密密麻麻记录着那个为国为民一生奔波、风雨跋涉的身影，求知求是的漫漫征途上，他曾在无数个夜晚仰望先烈的不朽星火，寻觅真理之光，而当他也成为一束星光时，他所期盼的新世界已经到来。

参考书目

◎ 吴玉章:《文字改革文集》,中国人民大学出版社,1978年。
◎ 吴玉章:《吴玉章回忆录》,中国青年出版社,1978年。
◎ 吴玉章:《辛亥革命》(电子书),北京阅览文化传播有限公司,2017年。
◎ 马连儒:《中共五老诗词鉴赏》,中央文献出版社,2008年。
◎ 王学军、周石:《吴玉章全集》(第一卷、第二卷、第三卷、第四卷、第五卷、第六卷),中国人民大学出版社,2023年。
◎ 程文、陈岳军:《吴玉章往来书信集》,重庆大学出版社,1993年。
◎ 刘文耀、杨世元:《吴玉章年谱》,四川人民出版社,1998年。
◎ 中共四川省委党史研究室、四川省吴玉章研究会:《吴玉章传》上卷(1878—1949),中国人民大学出版社,2022年。
◎ 中共四川省委党史工作委员会《吴玉章传》编写组:《吴玉章文集》,重庆出版社,1987年。
◎ 中国人民大学校史研究室:《吴玉章论教育》,中国人民大学出版社,2021年。
◎ 吴玉章:《吴玉章教育文集》,四川教育出版社,1989年。
◎ 中国人民大学校史研究丛书编委会:《中国人民大学纪事》,中国人民大学出版社,2007年。
◎ 黄达:《吴玉章与中国人民大学》,山西教育出版社,1996年。
◎ 齐鹏飞:《中国共产党创办新型高等教育的历史、理论与实践——中国人民大学80年办学经验总结》,中国人民大学出版社,2018年。

- 中国人民大学前身时期校史读物编委会:《迎接新时代的曙光——华北大学》,中国人民大学出版社,2017年。
- 《延安大学史》编委会:《延安大学史》,人民出版社,2008年。
- 四川省吴玉章研究会:《革命元勋千秋师表:纪念吴玉章诞辰130周年》,中国人民大学出版社,2009年。
- 王培元:《抗战时期的延安鲁艺》,广西师范大学出版社,1999年。
- 刘葆观:《血与火的洗礼——从陕北公学到华北大学回忆录(1937—1949)》,中国人民大学出版社,2007年。
- 王晋、汪洋:《华实录:华北大学回忆文集》,中国人民大学出版社,2003年。
- 王爱云:《中华人民共和国史小丛书:新中国文字改革》,北京人民出版社,2019年。

编导手记

一辈子做好事

本集编导　吴静姣

2022年底,中国教育电视台《百年巨匠·教育体育篇》正式启动,我完成其中"吴玉章"一集。

总导演的阐述很快发到了每个导演手中,从结构到拍摄再到后期剪辑等,都作了详细明确的要求,项目组希望编导在此大框架下,尽情发挥,努力创新。

同时,为了让编导工作更高质高效,项目组还为每一集邀请了对人物有深度研究的专家来完成学术撰稿。我这集的学术撰稿是中国人民大学的王学军教授,他同时也是《吴玉章全集》的编撰者之一。

对很多人来说,吴玉章是一个有点陌生的名字。中国称得上"匠"的人很多,而能被称为"巨匠"的,必然是因为他的存在,影响或改变了一群人、一个行业,甚至一个时代。

吴玉章是否当得起"巨匠"二字呢?大致浏览吴玉章的一生,这个问题不难回答。

他以卓著深远的革命功勋被誉为"延安五老"之一。

周恩来、邓小平、陈毅等通过他组织的留法俭学会到西方留学,接受社会主义思想启蒙。

他曾领导延安鲁艺、延安大学和华北大学等根据地与解放区的高等教育。

他是中国人民大学的首任校长，开创新中国的新型大学模式。

他主持汉字改革，让全民掌握了学习知识的能力。

毛泽东如此评价他："一个人做点好事并不难，难的是一辈子做好事，不做坏事……我们的吴玉章老同志就是这样一个几十年如一日的人。"

吴玉章一生奔波，为国家和人民，为他始终追求的真理。要想深入了解这个人物，只停留在纸面上是不够的，还要现场去听，去感受。

在中国人民大学，我们采访到了中国人民大学第一届本科生孙光德教授、档案学院第一名学生冯乐耘教授、《吴玉章全集》的编撰者王学军和周石两位教授、马克思学院博士生王可心等。

其中，对吴玉章的长孙女吴本立教授的采访进行了近4个小时。她一头干练的花白短发，身材高挑瘦削，动作灵活，丝毫看不出年龄已过八十。她情绪饱满，眼神清亮坦诚，是一个有着强大内核的人。我想当年的吴玉章是不是就如她一样，有着笃定的信念和不惧一切的勇气所带来的强大气场？

在成都，四川大学校史馆的毕玉馆长向我们展示了当年成都高等师范学校教学改革的相关档案。这是吴玉章第一次在教育领域实践马克思主义理念。他让师范毕业班的学生去国内外学校考察，学习先进的教育方法教育理念，除了考察课程设置外，还有体育设施的安排，男女同校问题的解决，各项经费的支出等细节，并且向各地方政府打招呼给这些考察学生提供出行的方便。实事求是、有担当、有远见、敢想敢干、能抓重点等，吴玉章的性格特点逐渐清晰。

邓寿明老师是《吴玉章传》上集的主笔，他向我们讲述了吴玉章的一生：见证戊戌变法，参加同盟会，历经辛亥革命、讨袁战争、北伐战争、抗日战争、解放战争……邓老师对吴玉章的过往娓娓道来，充满欣赏和怀念。

吴玉章的故居所在地荣县，也是我们重点拍摄的地方。故居陈列馆吕馆长对吴玉章的事迹更是如数家珍。

在吴玉章的回忆录里有这样一段话："我的思想最初是忠君爱国，后发展为资产阶级民主革命（三民主义），最后到共产主义。于今我数十年追求的真理得到了，我将尽我一生永远为这真理的实现而奋斗。"这段话概括了吴玉章一生的追求。代入去想，他每放弃一种主义，选择新的主义时，无不是新主义正处于萌芽阶段、被打压抓捕时。究竟是什么样的勇气和信念，让一个人无惧死亡，也要选择他认为正确的道路？又是怎样的眼光和决断力，让他每一次在发现坚信的"主义"已变质时，果断舍弃，重新作出正确的选择？要知道，有时候"放弃"比"坚持"难得多，这是一个怎样的人呢？他无疑是有大智慧的，但同时，他的内心有寂寞、孤独、清寒的东西，这是一种牺牲。那么，究竟是什么，值得他作出这样的牺牲？

带着追根究底的精神，我们深入人物内心，尽量去感同身受。文稿经过40多遍的整体修改和无数次对小细节的增删，吴玉章的形象越来越鲜明。为了国家和人民，为了追求真理，筚路蓝缕，孜孜以求，抛却个人荣辱，置生死于度外，这是真正极致的浪漫……这条求索之路夯实后，再展开他在教育领域的投入就很扎实了。

初步内容确定后，进一步的拍摄便提上日程。

中国人民大学老校区是原来的段祺瑞执政府所在地，我们大部分的情景再现拍摄安排在这里，老校区非常支持，特意空出3天不安排参观活动，专门让我们拍摄。

整整一年，对吴玉章这个人物，从陌生到熟悉，到最后深深的敬佩。他带给我们团队内心的冲击和影响，会持续一生吧。

曾经有人，是那样活着的。

图书在版编目（CIP）数据

吴玉章 / 陈宏，曾丹，陈瀚编著. -- 北京：外文出版社，2025. 4. --（百年巨匠）. -- ISBN 978-7-119-14050-6

Ⅰ. K825.46

中国国家版本馆 CIP 数据核字第 20245C9K96 号

总 策 划：胡开敏　杨京岛
责任编辑：蔡莉莉　李　香
封面设计：北京夙焉图文设计工作室　子　旃
正文制版：魏　丹
印刷监制：章云天

百年巨匠·吴玉章

陈宏　曾丹　陈瀚　编著

©2025 外文出版社有限责任公司
出 版 人：胡开敏
出版发行：外文出版社有限责任公司

地　　址：北京市西城区百万庄大街 24 号	邮政编码：100037
网　　址：http://www.flp.com.cn	电子邮箱：flp@cipg.org.cn
电　　话：008610-68320579（总编室）	008610-68995875（编辑部）
008610-68995852（发行部）	008610-68996185（投稿电话）

印　　刷：鸿博昊天科技有限公司
经　　销：新华书店 / 外文书店
开　　本：710mm×1000mm　1/16
装　　别：平装
字　　数：200 千
印　　张：16.25
版　　次：2025 年 4 月第 1 版第 1 次印刷
书　　号：ISBN 978-7-119-14050-6
定　　价：58.00 元

版权所有　侵权必究　如有印装问题本社负责调换（电话：68996172）